O DIREITO E OS DIREITOS HUMANOS

O DIREITO E OS DIREITOS HUMANOS

Michel Villey

Tradução
MARIA ERMANTINA DE ALMEIDA PRADO GALVÃO

SÃO PAULO 2019

Esta obra foi publicada originalmente em francês com o título
LE DROIT ET LES DROITS DE L'HOMME
por Presses Universitaires de France, Paris.
Copyright © Presses Universitaires de France.
Copyright © 2007, Livraria Martins Fontes Editora Ltda.,
São Paulo, para a presente edição.

1ª edição 2007
2ª edição 2016
2ª tiragem 2019

Tradução
MARIA ERMANTINA DE ALMEIDA PRADO GALVÃO

Acompanhamento editorial
Luzia Aparecida dos Santos
Preparação do original
Renato da Rocha Carlos
Revisões gráficas
Ivani Aparecida Martins Cazarim
Ana Maria de O. M. Barbosa
Dinarte Zorzanelli da Silva
Produção gráfica
Geraldo Alves
Paginação
Studio 3 Desenvolvimento Editorial

Dados Internacionais de Catalogação na Publicação (CIP)
(Câmara Brasileira do Livro, SP, Brasil)

Villey, Michel, 1914-1988.
  O direito e os direitos humanos / Michel Villey ; tradução Maria Ermantina de Almeida Prado Galvão. - 2ª ed. - São Paulo : Editora WMF Martins Fontes, 2016. - (Coleção biblioteca jurídica WMF)

  Título original: Le droit et les droits de l'homme.
  ISBN 978-85-7827-991-2

  1. Direito 2. Direitos humanos I. Título. II. Série.

15-08417   CDU-347.121.1

Índices para catálogo sistemático:
1. Direitos humanos : Direito civil   347.121.1

Todos os direitos desta edição reservados à
Editora WMF Martins Fontes Ltda.
Rua Prof. Laerte Ramos de Carvalho, 133 01325-030 São Paulo SP Brasil
Tel. (11) 3293-8150 e-mail: info@wmfmartinsfontes.com.br
http://www.wmfmartinsfontes.com.br

ÍNDICE

1. A questão dos direitos humanos 1
2. Razões e meios de um estudo crítico da linguagem dos direitos humanos 9
3. Volta ao bom caminho 19
4. Uma descoberta de Aristóteles 33
5. O que é o "direito" na tradição de origem romana? 53
6. O "direito subjetivo" e a ciência jurídica romana ... 69
7. Sobre a inexistência dos direitos humanos na Antiguidade 81
8. O catolicismo e os direitos humanos 107
9. Nascimento e proliferação dos direitos humanos no século XVII 137
10. Epílogo: o século XX 165
    Anexo I – Declaração dos Direitos do Homem e do Cidadão (1789) 171
    Anexo II – Declaração Universal dos Direitos Humanos (1948) 175

A João Paulo II
filialmente
estas poucas reflexões suscitadas por seu discurso sobre
os Direitos Humanos.

M.V.

e a Madeleine

The old motto of a one-directional progress belongs no longer to advanced Scientific research. For almost fifteen years now, most major discoveries in the field of Physics have restaured ancient ideas and forgotten views: instead of rejecting them, modern instruments to day back the oldest theories.

H. MELLIC e I. LÉVY,
Journal of nuclear engineering,
Standford, Un. Press, março de 1981.

1. A questão dos direitos humanos

Sim, o discurso muitas vezes repetido sobre os direitos humanos de nosso papa polonês despertou em nosso pequeno grupo da Universidade Paris II o desejo de pesquisar o significado exato dessas palavras.

Não que ele fosse o único a exaltá-las. Impossível abrir o jornal *Le Monde* sem nele ler algum manifesto ornado com a assinatura de Gisèle Halimi, Robert Badinter e de prêmios Nobel de matemática. Declaração da *Anistia Internacional* estigmatizando determinada violação dos direitos humanos na União Soviética, na Argentina, em El Salvador, Uganda, Irlanda... A imprensa católica não ficava atrás, nem o Conselho Ecumênico das Igrejas cristãs. E, como a França atravessava um período eleitoral, não havia nenhum candidato que não inserisse em seu programa (com sua poção infalível contra o desemprego, a inflação, o imperialismo) a defesa dos direitos humanos.

Por outro lado, acho-me restrito a seguir a literatura considerada de filosofia do direito. Nela observara que uma parte da escola inglesa analítica da linguagem punha em questão o *human-rights-talk*. Suspeitava-se que essa linguagem dos "direitos humanos" fosse desprovida de significação, *meaningless*. Alguns juristas encarregados do ensino do curso de liberdades públicas ou de direito internacional confidenciavam não ter conseguido encontrar nas Declarações dos Direitos Humanos um sentido praticável. Surgia a "Nova Direita". Ela publicava, em janeiro de 1981, uma série de artigos de sua revista *Éléments* sob o título "Direitos humanos – A armadilha" (artigos salpicados de erros e com alguns defeitos mais graves).

No discurso de nossos contemporâneos, os "direitos humanos" estão em seu apogeu, mas causam problemas. Pensemos sobre esse duplo fenômeno.

Necessidade dos direitos humanos

É possível ser breve quanto ao primeiro. Jamais o conceito de direitos humanos foi tão bem cotado; a não ser no final do século XVIII, talvez também depois do caso Dreyfus (fundação da Liga dos Direitos do Homem) e por ocasião da queda de Hitler. Mas hoje estão instalados; impensável desalojá-los.

Compreenderemos melhor as causas disso se me arriscar a breves considerações de história geral. Os direitos humanos são um produto da época moderna. O *idealismo*, peculiaridade da filosofia moderna, e do qual não é certo que estejamos curados, erige no lugar de Deus este grande ídolo: o *Progresso* – que deve assegurar as fruições e a *felicidade* de todos, mito muito cultivado no tempo das Luzes; *finalidade* da política moderna. E, quanto aos meios, a fim de ordenar no modo mais "racional" o trabalho dos cientistas e dos técnicos, e de melhor explorar seus frutos, nosso mundo depositou sua esperança na grande máquina estatal desenhada por Hobbes – o Deus terrestre, Leviatã.

Daí em diante, toda a ordem jurídica procede do Estado e está fechada em suas leis. É o *positivismo jurídico*, filosofia das fontes do direito aceita pela maioria dos juristas e que os dispensa, submetendo-os à vontade arbitrária dos poderes públicos, da busca da justiça.

É verdade que o "positivismo" reveste agora formas novas: de voluntarista, ele se torna "científico" e sociológico. Denomina-se direito o movimento espontâneo das instituições tal como o constataria a sociologia. Segundo os dizeres da Escola de Frankfurt, não há pior apoio ao conservadorismo. Nosso direito zomba e se afasta da justiça. A ciência jurídica se atribuiu a tarefa de descrever o *law as it is*, o direito tal como existe de fato (o que, aliás, nada significa). Sua função foi legitimar, sob o capitalismo liberal, excessivas desigualdades, que se perpetuam em numerosas regiões do globo, e, diversamente acentuado conforme os países e as épocas, a sujeição ao Poder.

Todo excesso gera seu contrário. Não se poderia resignar-se à instalação do "melhor dos mundos" nem se contentar com o "direito tal como é". Ao positivismo jurídico foi necessário um *antídoto*. Os modernos opuseram-lhe a figura dos "direitos humanos", tirada da filosofia da Escola do Direito Natural, cujo desaparecimento muitos teóricos do século XIX erradamente anunciaram.

Paralela à produção dos Códigos dos grandes Estados modernos, depois à proliferação de textos cada vez mais técnicos, nasceu outra espécie de literatura jurídica: as *Declarações dos Direitos Humanos*. Isso começou nos Estados Unidos da América, por volta de 1776. Depois veio o manifesto da Constituinte e outras produções da Primeira República francesa. Novas versões enriquecidas por ocasião das diversas revoluções do século XIX. Depois da última guerra mundial, texto fundamental: a *Declaração Universal das Nações Unidas de 1948*, à qual deu seguimento a *Convenção Européia dos Direitos Humanos de 1950* e uma série de preâmbulos constitucionais ou de tratados a ela referentes.

Elas foram, repito, uma arma defensiva; em 1789, contra o pretenso absolutismo da monarquia capetiana (não é seguro que ela merecesse esse qualificativo); ou, em 1948, contra o fantasma de Hitler: contra as ditaduras de todos os tipos. Geralmente, um remédio para a desumanidade de um direito que rompeu suas amarras com a justiça.

Quem pretenderia ficar alheio a essas justas causas e não teria vergonha de se dissociar da *Anistia Internacional*? Uma vez que hoje a informação é universal, é difícil ignorar a sorte dos mortos de fome de Calcutá, das torturas de El Salvador e dos dissidentes soviéticos. Há a Polônia. Em toda parte, a insuficiência das leis. Os direitos humanos seriam o recurso. Essa idéia relativamente nova talvez seja nossa única esperança de arrancar o direito da esclerose, e o único instrumento de seu progresso. Para combatê-la, só se encontrariam imbecis reacionários?

O passivo dos direitos humanos

Reacionários, nós o seremos em boa companhia. Não faço alusão à *Nova direita*, com cujas teorias não tenho a menor afinidade. Mas a discussão dos direitos humanos não nasceu ontem.

Ela irrompeu logo depois de 1789. Enquanto Payne na Inglaterra, Kant na Alemanha, Fichte e o jovem Hegel (mais tarde voltaram atrás) se entusiasmavam pelos direitos do homem da Revolução Francesa, Burke denunciava seus malefícios. Burke também é o defensor dos americanos e das populações indígenas contra as companhias comerciais que os exploravam – um dos primeiros adversários do colonialismo. Seu testemunho merece respeito. Fez notar que o texto da Constituinte sobre o caráter inviolável e sagrado da propriedade e sobre o direito de todo homem a garantias judiciárias não impediu os confiscos das propriedades dos inimigos da Revolução, nem lhes salvou as cabeças da guilhotina.

Na mesma época, Jeremy Bentham opinava que os "direitos do homem" seriam *contra-sensos*. E, quanto à Igreja católica, o papa Pio VI qualificava os dezessete artigos da *Declaração Francesa* de "contrários à religião e à sociedade". O papado só muito recentemente (desde João XXIII e Paulo VI) desistiu dessa reprovação.

Houve a crítica de Marx na *Questão judaica*. Dirão que seus ataques eram dirigidos contra as "liberdades formais" de 1789: o direito natural absoluto dos proprietários e a liberdade contratual, que serviram sobretudo para privar as massas operárias de suas propriedades reais e dos meios de discutir cláusulas de seus contratos de trabalho. Mas receio que o argumento seja dirigido contra os direitos do homem "substanciais", atualmente prestigiados no mundo socialista.

Convidado em 1948 à celebração do texto das Nações Unidas, o filósofo italiano Croce, famoso liberal, nada encontrou para dizer a não ser que era "inepto".

a) Os "direitos do homem" são *irreais*. Sua impotência é manifesta. A Constituição Francesa ou seus preâmbulos proclamam o direito ao trabalho, há na França um milhão e meio de desempregados, que nem por isso estão mais avançados. E terem inserido na Carta pretensamente universal das Nações Unidas direitos a participar dos negócios públicos, das eleições livres, dos lazeres, da cultura assim como da abastança, digamos que no Camboja ou no Sahel, e em três-quartos dos países do globo, essas fórmulas são *indecentes*!

O erro delas é *prometer* demais: a vida, a cultura, a saúde igual para todos: um transplante do coração para todo cardíaco? Haveria, só com o direito de todo francês "à Saúde", com o que esvaziar o orçamento total do Estado francês, e cem mil vezes mais! O dissidente soviético Bussowski maravilhou-se ao ver proclamado nos Estados Unidos o "direito à felicidade". O que pensar, perguntava ele, se a felicidade do Senhor X... é matar a mulher dele?

As promessas das Declarações têm ainda menos possibilidade de ser cumpridas porque suas formulações são incertas, *indeterminadas*. Concedem-nos a "liberdade": termo cuja definição nos extenuamos em procurar. É verdade que os textos especificam, eles nos gratificam com a liberdade "de expressão". Mais uma promessa impossível! E seria errado deduzir daí que serão toleráveis as provocações às violências racistas, ou os falsos testemunhos.

E *inconsistentes*: um político preferiria que lhe programassem uma emissão na televisão, e o filósofo, num congresso, um *tempo de fala*. Tempo que não pode ser o mesmo para todos, tampouco infinito...

É delicioso ver-se prometer o infinito: mas, depois disso, surpreenda-se se a promessa não for cumprida!

b) Responderão que as pessoas de bem têm idéias mais nobres e não são juristas. Os direitos humanos não são "direitos" no sentido do positivismo jurídico, mas um ideal: modelos de realização da liberdade individual (para Kant, o valor jurídico supremo) e de igualdade. Optativos, projetos de ação política, de reforma da sociedade, de boas intenções, de *purposes* (assim os definiram os analistas ingleses). Ainda cumpriria que se tratasse de um programa sensato.

Não voltaremos ao que tem de etnocêntrico – e de utópico – o sonho de universalizar o *way of life* americano: o regime das eleições livres das democracias chamadas ocidentais não parece exportável a Uganda. Nem aos vícios do regime igualitarista virtualmente contido nos direitos humanos: tornar as mulheres juridicamente idênticas aos homens, os bebês às pessoas idosas, e os pobres aos ricos seria destruir a riqueza do mundo e sua variedade; um triunfo da entropia. Talvez os votos do socialismo vão nesse sentido. É, antes, o resultado contrário que eu esperaria da arte jurídica.

De qualquer maneira, o programa das *Declarações* é *contraditório*. Elas colecionam uma profusão de direitos de inspiração heterogênea – tendo-se, aos "direitos formais" ou liberdades da primeira geração, acrescentado uns direitos "substanciais" ou "sociais e econômicos". Para que sejam direitos de todos os homens, são codificados os direitos das mulheres, das pessoas idosas, das crianças (nos quais as ligas contra o aborto incluirão os direitos do *feto*), dos homossexuais, dos pedestres, dos motociclistas. Cada um deles fracionado em seus componentes: assim, do direito do homem ao lazer, os americanos tiraram um poético "direito ao sol" (direito de cada um e de cada uma a se bronzear em alguma praia da Flórida). Acrescentemo-lhe o direito à neve. Nesse registro, a imaginação de nossos contemporâneos é inesgotável; produziu as espécies mais malucas: "Direito dos jovens a serem eles mesmos" e, de modo mais geral, o direito de cada qual "à sua diferença". Cumpriria escolher.

Supondo-se que sejam levados a sério os *direitos-liberdades*, a propriedade e a liberdade contratual, chega-se a privar as massas laboriosas de seu direito ao mínimo vital, a essas monstruosas e colossais desigualdades no bem-estar material que o capitalismo produziu. Sobre esse ponto, a crítica de Marx é dificilmente refutável.

Opte, ao contrário, pelo direito ao trabalho, à saúde, ao lazer e à cultura, e eles parecerão difíceis de realizar sem cercear o direito de greve e as liberdades. Como os direitos humanos "formais" têm alguma responsabilidade na miséria dos proletários no século XIX, e até no tráfico negreiro, os direitos substanciais serviram de argumento ideológico para o estabelecimento dos regimes socialistas totalitários. Certa literatura cristã progressista cultiva o sonho de reconciliar os direitos do homem de 1789 e os direitos "sociais e econômicos". Mas é a quadratura do círculo.

O "direito à segurança" sempre será apenas uma expressão vazia se, por medidas apropriadas (tal como a lei Peyrefitte), não forem reforçados os meios de ação da polícia, e limitadas as garantias dos jurisdicionados. O "direito à vida" não combina bem com a liberdade do aborto; o direito ao casamento, com o direito ao divórcio. O direito da mulher a trabalhar – ou do pai – contrariará o direito da criança à educação. O "direito ao silêncio" é dificilmente compatível ao direito de manifestar na rua etc., e o "direito à intimidade", ao nosso direito à informação generalizada...

Cada um dos pretensos direitos humanos é a negação de outros direitos humanos, e praticado separadamente é gerador de *injustiças*.

Não esqueçamos que os direitos humanos são "operatórios"; que são úteis aos advogados de excelentes causas, protegem dos abusos do governo e da arbitrariedade do "direito positivo". Se porventura riscássemos esse termo de nosso vocabulário, ainda seria preciso substituí-lo por outro menos adequado. Não sabemos qual. Este é nosso problema.

2. Razões e meios de um estudo crítico da linguagem dos direitos humanos

Foi publicada nos últimos dez anos uma literatura tão gigantesca sobre os direitos humanos que hesitamos em acrescê-la. Tomei consciência disso ao passear por uma livraria católica, na Praça Saint-Sulpice. Suplantando os temas de anteontem (a psicanálise; a ética ou a Revolução sexual; e mais anteriormente o marxismo), oferecia-se na vitrine uma quantidade enorme de obras coletivas (*L'aujourd'hui des droits de l'homme*, sob a direção de Guy Aurenche com monsenhor Matagrin e o padre Toulat, 1980), números especiais de revistas – *Concilium, Spiritus* etc. –, todos com boas intenções apologéticas. Comprei algumas amostras e não ganhei nada com elas.

Impossível também ignorar que um número prodigioso de *congressos* é organizado para a glória dos direitos humanos. Os universitários tratam de temas bem-vistos pelos poderes públicos. Dos quatro ou cinco desses seminários em que tomei parte a fim de preparar este livro, quase não tirei mais que um fruto.

Um deles, de direito comparado, reunia especialistas de direito judaico, de direito mulçumano, de história do direito medieval e de direitos da Antiguidade; cada um de nossos confrades veio sucessivamente atestar o reinado dos direitos humanos, um no Alcorão, um na Bíblia, um na lei de Hamurabi. Contraverdades: os direitos humanos nasceram na Europa moderna. A unidade da natureza do homem e sua eminência foram reconhecidas desde os tempos mais remotos. Mas coisa muito diferente são os *direitos humanos*. A presente proliferação dos congressos internacionais não demonstra o progresso da ciência histórica.

Outro caso: em Dakar, um agradabilíssimo Congresso de Filósofos, reunidos pelo Instituto Internacional de Filosofia, sob a presidência de Paul Ricœur, por instigação do grande humanista Senghor. Um colega e eu, a primeira noite, havíamos esboçado uma crítica. Nota distoante, que os demais oradores evitaram. Tendo o Congresso se transferido para a encantadora ilha de Goréia, ali se denunciou o tráfico negreiro, e demonstrou-se que questionar os direitos humanos era racismo.

Eu esperava, entre filósofos, mais gosto pela controvérsia. Precisávamos pagar nossa cota por essa bela viagem turística financiada por prestigiosas instituições internacionais. Senghor projetava, parece, uma carta africana dos direitos do homem, em que seria oferecido aos africanos o mínimo vital. Esse Congresso servia-lhe de ornamentação. Aliás, como a filosofia se pretende existencial, impõe-se que cada qual demonstre seu engajamento pessoal. Primazia da *Práxis*.

Questões de linguagem

O gênero deste livro será muito diferente. Um trabalho universitário[1]. Toma-se esta palavra em múltiplos sen-

---

1. O esquema de um curso ministrado no ano escolar 1980-1981 no Centro de Filosofia do Direito da Universidade Paris II. Somente será reproduzida uma fração dele. Já foram publicados alguns artigos de nossos *Cours d'histoire de la philosophie du droit*, sob o título: *La formation de la pensée juridique moderne* (Montchrestien, 3.ª ed., 1979), trad. bras. *A formação do pensamento jurídico moderno*, São Paulo, Martins Fontes, 2005; outros xerocados pelos cuidados de Guy AUGÉ, que conseguiu dar-lhe uma forma menos deselegante.

tidos: se a imaginássemos conforme às diretrizes ministeriais, a Universidade deveria ter a preocupação de coincidir com "a vida", que só poderia ser a vida dos negócios. As faculdades de filosofia serviriam à administração e à economia. E as ex-faculdades de direito seriam escolas profissionais, distribuidoras dos diplomas exigidos para úteis carreiras. Tenho da universidade uma concepção mais medieval.

Primeira condição: deixar no vestiário, durante o período desta pesquisa, todo *engajamento* mesmo comandado por um nobre humanitarismo. Nosso papel não será pleitear pelas vítimas do racismo ou das ditaduras de direita nem de esquerda; não seremos de esquerda nem de direita. A "esquerda" é imbuída da linguagem dos direitos humanos – e triunfa intelectualmente. Os homens de direita – à parte alguns extremistas – dão a aparência de desobedecer às mesmas ideologias. Os direitos humanos só têm amigos.

Claro, não irei criticar os dissidentes da União Soviética por contar com os direitos humanos; eles só podem travar seu combate com os meios lingüísticos à mão; têm muita razão de invocar o tratado de Helsinque. Mas, provisoriamente, deixaremos os bons sentimentos à parte.

Lançamo-nos aqui numa empreitada onerada, aos olhos do grande público, de uma total *inutilidade*. Ela só teria relação com a *linguagem* dos direitos humanos, com a correção dessa linguagem. A linguagem condiciona o pensamento. Capital é a dependência de nossas opiniões relativamente à linguagem hoje aceita; ninguém pode dispensar esse instrumento e não se tornar escravo dele. Mas, se a maioria aceita sem hesitar a linguagem comum de seu grupo, compete aos filósofos questioná-la.

É função da *filosofia* ser ordenadora da linguagem. A filosofia é esforço de visão total do mundo; ela recorta, articula o mundo em seus elementos traduzidos pelos termos principais da linguagem... Todo grande sistema filosófico gera uma estrutura lingüística, e sua crítica só se opera com a ajuda da filosofia.

Enquanto outros se preocupam (pelo menos em palavras) com enforcamentos dos iranianos ou afogamentos dos vietnamitas, discutir *palavras*? Poderemos fazê-lo sem escrúpulos: ninguém ganha em falar uma linguagem confusa, cujo recorte não corresponde bem às estruturas da realidade. Acabamos de observá-lo sobre "direitos humanos", expressão falsa, prometendo o que não pode ser: a dominação absoluta do proprietário sobre sua coisa, "o trabalho, a saúde e a liberdade", produtora de uma enxurrada de falsas "reivindicações". Mesmo quando a usam a serviço de causas muito justas, ela os serve mal, podendo voltar-se contra elas.

Tanto pior se as mentes trapalhonas não gostem. Talhei para mim um tema de pesquisa *limitado*. É um bom tema.

Método histórico

Nós o empreenderemos com a ajuda da história – estando persuadido, pelo exemplo de muitos de meus contemporâneos, que sem a ajuda da história não há filosofia verdadeira, mas atolamento conformista nas modas do dia. Como julgar o valor da linguagem atual sem a cotejar com outros sistemas lingüísticos, que apenas a história nos permitirá redescobrir?

Todavia, existem diversas maneiras de abordar a história:

a) Uma, a que podemos chamar *progressista*, é a mais difundida. Sobre a cultura contemporânea pesa inconscientemente a herança da filosofia das Luzes e das filosofias de Hegel, Marx ou Auguste Comte. A humanidade teria seguido uma estrada ascendente. E tudo na história, as técnicas, as instituições, a moral, a filosofia, se moveria em bloco, pois o amadurecimento do espírito acarreta, para Auguste Comte, o progresso material – para Marx, tendo o desenvolvimento das técnicas da produção o efeito de melhorar o homem. Segue-se que a história se torna jogo estéril. As doutrinas da Antiguidade e da Idade Média seriam hoje passadas, e já não poderiam trazer resposta aos problemas do nosso tempo. O declínio nas faculdades de direito dos estudos de história é uma conseqüência do triunfo, em geral inconsciente, desse dogma imbecil. O historicismo matou a história.

b) Uma informação histórica um pouco aprofundada pleiteia em sentido contrário. Os verdadeiros historiadores não constatam na história tanto *progresso*. O progresso se verifica em certos setores: no terreno das ciências exatas, cujos resultados, diz Ricœur, se "capitalizam" e vão aumentando. Bacon tinha razão em apostar no "avanço das ciências" exatas. Não há dúvida nenhuma de que nossas técnicas, filhas das ciências positivas e razão de ser delas, estão em perpétua ascensão; de que o Concorde seja mais rápido que o carro de bois merovíngio.

Mas progresso global? Quais serão os critérios do melhor? Se o julgássemos com relação aos "valores" aceitos pelo público atual, a demonstração seria fácil demais. Demonstrarão que a humanidade marcha rumo à extensão de blocos políticos cada vez mais amplos e, diz Max Weber, "racionalizados". Não estou certo de me sair melhor. Mas consideremos a filosofia. Cumpre admitir que essa disciplina tenha progredido historicamente? Não, Marx, Freud e Bertrand Russel não são mais fortes que Platão. Não se vê que nossos contemporâneos tenham uma inteligência mais vasta da totalidade do mundo e de nossas razões de vida; que se mostre hoje mais forte e mais bem ordenada a representação do mundo, da qual a estrutura da linguagem é uma dependência; nem que algum progresso tenha ocorrido na cultura geral. A esse respeito a história conhece, alternadamente, períodos de progresso e longos períodos de decadência. Em qual situar o século XX, não poderíamos prejulgá-lo.

Outra idéia falsa, mas seguida por alguns historiadores: que tudo na história seja *movimento*. A ciência histórica do século XX, calcada no modelo das ciências mecânicas, adota como programa reconstituir "evoluções": "A evolução da humanidade". Ela desviou seu olhar de outros fenômenos, não menos efetivos. Fenômenos de *continuidade*.

Nada mais enganador que a famosa frase de Heráclito, de que o tempo é um rio onde tudo corre. Entre a Guerra do Peloponeso, analisada por Tucídides, e nossa atual política internacional, assinalamos o mesmo tanto de traços comuns quanto de divergências. Não se verifica que o Homem tenha mudado radicalmente, desde Adão e Eva. A idéia medieval de Universidade mereceria ainda, acreditamos, servir de modelo aos ministros da Educação. E, que eu saiba, Isaías, ou o Livro de Jó, ou Platão não perderam sua atualidade para nós.

Entre as descobertas científicas e as da filosofia, notamos uma diferença. Se as ciências exatas se "capitalizam", segundo a expressão de Ricœur, não se dá o mesmo com a arte, a filosofia ou a espiritualidade. Nada mais frágil que os resultados da filosofia. Para subsistir, teriam de ser revividos, meditados, reinterpretados, sustentados por um esforço constante, que lhes advém pouco. Caem no *esquecimento*. E é função dos historiadores tornar a subir a ladeira, lutar contra esse esquecimento, voltando às origens; ao nascimento original, que precedeu esse processo de degradação.

Os historiadores estariam muito errados em exumar indiferentemente, na poeira infinita dos fatos históricos, *qualquer* estranheza arqueológica que seja; e mais ainda em demorar-se em descrever o pior: as nódoas do escravagismo na Antiguidade, a sobrevivência das violências e das guerras privadas, o "obscurantismo medieval", a fim de melhor convencer seus contemporâneos, já propensos a demasiadas ilusões sobre esse capítulo, da realidade do progresso e de nossa superioridade. Essa espécie de história não me interessa.

Ficarão mais úteis fazendo o contrário. Ao punhado de historiadores que têm a incumbência de preservar a memória de nosso passado, aconselharíamos a nele escolher o que merece ser defendido. Em vez de aferrar-se às partes mortas e aos movimentos que provocaram seu desaparecimento, é preferível reter de nossa herança o que *vale* ser conservado.

Em particular, o arcabouço de uma *linguagem* bem-feita. Claro, uma linguagem vive e não pára de adaptar suas formas a novas situações. Nosso léxico do século XX comporta, com toda certeza (por causa das mudanças da economia), uma profusão de termos novos. Cada palavra se presta a receber, segundo os contextos, uma infinidade de acepções. Mas estes são apenas complementos ou variações. A *estrutura*, em cuja função cada elemento adquire seu valor, e os conceitos fundamentais que a constituem (acabamos de lembrar sua natureza filosófica) reivindicam mais continuidade.

Se já não sabemos relacionar as significações de uma palavra a essa estrutura fundamental, elas se dispersam ao acaso, ficam indefiníveis, soçobramos na incoerência e na confusão lingüísticas. É ruinoso sacrificar a etimologia e a cultura das línguas antigas que a condicionam. A desordem, a imprecisão, o equívoco, em questão de linguagem, seguem o declínio dos estudos de filosofia e de história.

Análise do termo

Reintegremos nosso tema. Tratar-se-á dos "direitos do homem", termo sintético que é produto da *combinação* de dois elementos: o "direito" e "o homem". Só veremos claro neles separando-os.

Eu avançava há pouco apenas uma banalidade ao lembrar que o conceito de *direito* foi um empréstimo da Europa a Roma, à Roma clássica, impregnada da cultura grega. Não parece que se possa encontrar o análogo nos povos que a cultura greco-romana não teria tocado. Os sociólogos falam do *direito* de qualquer grupo social, procuram direito no Oriente antigo, na China, nas Índias, nas tribos da África. Forjam para as necessidades de sua causa um sentido ampliado desse termo. Reintegremos de preferência o conceito herdado de Roma.

Conceito caduco, que se está perdendo? Poderia ser que tivesse desaparecido, mas eis o momento de exercer nosso senso crítico. Não é certo que a atual evolução semântica da palavra "direito" tenha outra razão senão nossa ignorância.

Quanto à expressão *direitos do homem*, vejo-a surgir em meados do século XVII, e seus pródromos já na Idade

Média, no seio da teologia. Por isso é uma tese difundida entre os filósofos da história progressista que os direitos humanos seriam uma conquista devida ao cristianismo, a não ser que sua razão seja atribuível às mutações econômicas. De qualquer maneira, um progresso.

Ou então o efeito da incultura, e de uma regressão da ciência jurídica?

Ficou-nos clara, já no primeiro capítulo, a insuficiência dessa noção, confusa, ilusória. Mas em que consiste seu *vício* radical? Seria possível, sem contradição, proceder à mescla dessas duas idéias: o *homem*, no singular, a natureza genérica do homem, e a noção de *direito*?

3. Volta ao bom caminho

A questão do sentido da palavra "direito"

Indagar hoje sobre a essência do direito é algo insólito, pois o direito se beneficia de uma consideração medíocre. Os filósofos dos Tempos Modernos sentem pelo direito muito pouca atração, porque a maioria é desprovida da menor experiência judiciária: a justiça parece-lhes uma função muito especializada e na qual não se imiscuem os homens de bem.

A atenção deles está concentrada noutros objetos: no *indivíduo* – a psicologia, a lógica (os instrumentos de conhecimento) e na moral individuais. E decerto, num segundo tempo, no que se chama *sociedades*, implicando esse termo, no início, que as referidas sociedades fossem o produto de uma convenção entre indivíduos. Em suma, ao mesmo tempo que participa do progresso das ciências físicas, nossa filosofia se interessa pela economia, pela história e pela sociologia. Mas esses não são os meios mais curtos de ter acesso ao direito.

Objetar-me-ão que uma quantidade impressionante de filósofos modernos aparentemente tratou do direito? Hobbes, Hume, Bentham, Wolff, Rousseau, Kant, Hegel, Durkheim, Max Weber e a seqüência dos sociólogos?

Respondo que nenhum desses autores parece visar o direito em si mesmo. Cada um deles, construindo seu próprio sistema em função de outros objetivos, empenha-se em resumir o direito a eles. Puderam, então, dar do direito apenas imagens sofisticadas, reduzindo-o todas as vezes ao papel de *instrumento* de outras disciplinas extrajurídicas: a Política, a Economia (Hobbes e os utilitaristas); a Moral (Kant, antes dele muitos teóricos da Escola do Direito Natural); a Sociologia ou a História. Não deve espantar-nos que esses filósofos tenham apresentado do direito os mais opostos conceitos: consideravam-no sob pontos de vista por demais diversos, e todos *extrínsecos*.

Em que consistem hoje os estudos de direito? Se vocês se reportarem aos programas das faculdades francesas, encontrarão um caos de matérias díspares. Neles os cursos de ciência política se avizinham da ciência da administração, de economia, de direito dos negócios, de criminologia, liberdades públicas, sociedade internacional e contencioso judiciário etc. Aliás, as Faculdades de Direito acharam bom rebatizar-se, adotando o nome de Universidades de Ciências Sociais, e algumas vezes econômicas; universidades fragmentadas numa profusão "de unidades de pesquisas" separadas. Ocorreram algumas reações, sobretudo no interior, de modo que devem sobreviver na França umas dez Faculdades de Direito.

Quanto a *definir* a palavra "direito", a simples leitura de um dicionário permite constatar que ela assume os mais heterogêneos sentidos: reflexo da pluralidade das filosofias da época moderna e contemporânea.

Decerto o sentido mais usual seria o de "vantagem" pertencente a qualquer indivíduo, que mais ou menos os poderes públicos garantiriam, ou que mereceriam ser-lhe garantidas: *direito subjetivo*, em inglês *right*. Ele mesmo ambíguo: discute-se se o direito subjetivo constituiria uma qualidade pessoal contígua do sujeito. Segundo o americano Hohfeld, pode tratar-se de uma liberdade, de uma faculdade de mover um processo (*claim*), de um "poder", de uma "imunidade". Outra análise: o direito subjetivo é uma *coisa* cuja posse se poderia pretender (um direito de usufruto, um direito de crédito, uma "propriedade"). Discerne-se aqui a influência das filosofias individualistas predominantes nos séculos XVII e XVIII. O mundo é feito apenas de indivíduos (é um legado do nominalismo), e o objetivo atribuído à política e, portanto, ao direito, seu instrumento, será proporcionar satisfações aos indivíduos: conforme a tendência de cada escola de filosofia, a segurança, o bem-estar, riquezas materiais ou a liberdade...

Segundo grupo de acepções, não menos habituais: o direito seria o conjunto das *leis* estabelecidas pelo Estado, que garantem aos cidadãos essas liberdades ou essas riquezas. Conjunto de textos. *Direito objetivo*. No grande público, o adjetivo, pejorativo, "jurídico" evoca normalmente o apego literal e servil aos textos. Essa idéia do direito deriva em linha reta da filosofia hobbesiana do *Contrato social* retomada e transformada por Locke, Rousseau e Kant, e que a Revolução Francesa consagrara.

Mas ela não se sustenta. A partir daí, o positivismo *científico* arruinou as bases dessa teoria. Os juristas se vangloriam de cultivar o direito "tal como ele é": e o direito tal como existe de fato está longe de ser conforme às leis. Os juristas se viram forçados a acrescer-lhe outras fontes: o Costume – e cada vez mais a Jurisprudência, *tal como ela é* de fato (afastando-se das leis) ou como tenderia a ficar –, os "Princípios gerais do direito" – a Eqüidade, a Natureza das coisas –, os mandamentos da Razão ou da Justiça.

O progresso atual dos "Direitos Humanos" não deixa de implicar negação do positivismo legalista: longe de receber sua autoridade dos textos positivos do Estado, eles se apresentam como inferidos de uma idéia do "homem"; as leis atêm-se a "declará-los". Essa figura dos direitos humanos atesta a sobrevivência da filosofia da Escola do Direito Natural, em seu tempo a continuadora de uma tradição escolástica; com muitas escolas de teologia tendo feito do direito o instrumento da lei moral.

Já não se poderia dizer de quais textos se comporia esse direito "objetivo" – nem que se tratasse sempre de textos. Pois os acórdãos de jurisprudência, as sentenças que constituem "direito" não têm forma de regras gerais, assim como o "costume" não é originariamente escrito. Nada mais impreciso que os "princípios gerais do direito". Quanto aos "direitos humanos", *opõem*-nos aos textos positivos.

Mesma impotência para definir a *função* da arte jurídica. Sustentaremos que ela tem a finalidade de propiciar às pessoas "direitos subjetivos", a segurança de suas posses, o poder de exercer livremente atividades? A Escola Histórica e, sobretudo, o sociologismo importaram a idéia contrária. Portador das ordens do poder ou, se nos lembramos de procurar suas causas profundas, emanação da vontade coletiva dos grupos sociais, o direito *manda* nos indivíduos; exige-lhes obediência, obriga-os mais que os libera. É coerção, ordem imposta. Engrenagem colocada a serviço não tanto de interesses individuais quanto de projetos coletivos de classe, da nação, da humanidade.

E, quando os sociólogos lhe falam do direito chinês, do direito hindu, do direito das tribos africanas, do que se trata? Da estrutura, dos costumes dessas tribos. Essa espécie de direito é um *fato*, já não tem *finalidade*.

O termo explodiu em todos os sentidos. Flutua ao sabor dos ventos. Não será a marca de uma falência? Ou da queda da ciência do direito? A supressão ocorrida, na

França, das Faculdades de Direito talvez possa ser tida como conforme ao sentido da história.

Não é obrigatório que à palavra "direito" corresponda, ao longo dos séculos, uma mesma realidade. Talvez sejamos livres para construir uma sucessão infinita de definições "nominais" do direito, concedidas às nossas sucessivas ideologias políticas. Só que essa prática conduz a linguagem à incoerência e à confusão, como acabamos de constatar.

O que é o direito (admitindo-se que o direito seja realmente alguma coisa), nós o ignoramos. Vou procurá-lo. Mas não será mediante "a análise" das flutuações caóticas da linguagem atual que o conseguiremos. Havíamos prometido livrar-nos dos preconceitos historicistas e progressistas contemporâneos.

Existiu por muito tempo na Europa uma definição do direito. Fora invenção dos romanos da época clássica, por sua vez inspirados nos gregos. Que seja digna de sustentar-se e válida universalmente, não tenho a prova disso. Mas, já que nada *a priori* condena essa suposição, num primeiro tempo é no direito romano que irei procurar o sentido da palavra.

Digressão sobre o direito romano

Infelizmente, poucos leitores estarão dispostos a fazer a viagem: o direito romano está desprestigiado. Detenhamo-nos um instante nesse fenômeno, seu recente desaparecimento dos programas das Faculdades de Direito.

A perda é ainda mais notável porque na França, desde o século XII até o XVIII, na Alemanha por mais tempo ainda, toda a educação dos juristas era baseada no *Corpus*

Juris Civilis e no estudo da literatura jurídica romana. O modo de formação inglês era mais clínico, o que não impediu os juristas ingleses de ficar fiéis ao espírito jurídico romano mais que os continentais.

Mas voltemos à França. Minha geração conheceu uma enxurrada ininterrupta de *reformas* dos programas universitários. Quando eu era estudante, para se tornar professor de direito precisava-se ter absorvido nessa disciplina vários cursos anuais de licença, sem contar os cursos de estudos "superiores" (denominados hoje "aprofundados"). Vimos a cada reforma sua parte reduzir-se até a extinção. Na Universidade de Paris, que se faz passar por herdeira da "Faculdade de Direito", acabam de substituir os derradeiros romanistas que se aposentaram por economistas. Constatação: no ensino jurídico, *o direito romano era tudo, e já não é nada*.

Eu ficaria tentado a tornar responsáveis por essa queda os romanistas – desde sua adesão aos métodos *científicos*, importados da Alemanha.

Em seus primórdios, a história é "investigação" sobre acontecimentos ou personagens, que podem ser contemporâneos; ou sobre as plantas ou os animais ("história natural"). Como um jornalismo provido de alguma qualidade literária. Não uma *ciência* distinta. Ela ainda não tem objeto próprio. Além de seu ornato eventual, tinha o papel de prover as diferentes artes (a Política, a Moral, a Biologia ou a Arte Militar) de uma matéria-prima, sob forma de fatos pitorescos. Função heurística e documental. Tais foram por muito tempo os livros de história: histórias militares, crônicas dos reis, "vidas paralelas", vidas de santos, *Legenda dourada*...

Vieram o nascimento da ciência moderna e a paixão universal por esse novo instrumento do conhecimento. O modelo das ciências físicas (as primeiras a se constituírem) logo influenciou as "ciências humanas". No final do século XVIII, eis a história tornada ciência. A metamorfose é total na Alemanha do século XIX. A história adota os procedimentos da ciência positiva: delimitação para cada uma de um setor de pesquisa distinto, estritamente *especializado*. Pretensas objetividade e neutralidade. *Método* rigoroso; para as ciências experimentais, atenção exclusiva aos *fatos*. Essa foi a forma imposta à história do direito romano. Não parece que esteja melhor.

A história pela história

As ciências talham para si campos de pesquisa muito *particulares*. Para a história tornada científica, esse campo será o *passado*, por ele mesmo; o que está consumado (*factum* – já feito).

Heródoto, Tucídides, Plutarco, os autores da *Legenda dourada* usavam a história para dela tirar lições de política ou modelos de conduta moral, em função da vida presente. Mesclavam o presente e o passado. Nada mais natural: separado da ação presente, o passado não passa de uma abstração. Nem o africano, que vive de seus mitos, nem a criança praticam esse corte.

Mas, se um licenciando de história zomba da atualidade, suas chances de êxito no concurso ficam fortalecidas. Tomar *modelo* da arte dos jurisconsultos, isso de jeito nenhum! Não é esse o propósito da ciência. A ciência é *wertfrei*, liberta dos juízos de valor. Os juízos de valor são deixados apenas aos filósofos, a não ser à "opção" de cada qual. Não competem ao cientista.

Para que então serve a história científica? No passado, ela considera primeiro o que muda. Imitando as ciências mecânicas, atribui-se o objetivo de buscar as causas dos *movimentos* sociais; retraçar gêneses, evoluções; deveria levar a descrever em grandes obras de síntese, "a Evolução da Humanidade". Os romanistas despenderam meritórios esforços para analisar a passagem das instituições romanas arcaicas ao direito "clássico", depois "pós-clássico" e bizantino, sem contar as fases intermediárias. Para a evolução, buscaram causas sobretudo econômicas: o materialismo histórico contaminou as Faculdades de Direito.

É verdade que voltamos atrás. Os filósofos da história ficaram mal cotados. Os mais sérios dos historiadores se instalam numa parcela do tempo. São especialistas de um século, de um autor, de um texto. Não importa: trata-se de "reconstituir" algum período do passado, desde então nenhum olhar para a vida presente. Os glosadores outrora haviam exumado o *Corpus Juris Civilis* para dele extrair soluções ainda aplicáveis – salvo, aliás, para deformá-las. Os romanistas dos tempos modernos e pandectistas já não sentiam o menor escrúpulo em deturpar os textos, a fim de os *utilizar*!

A ciência histórica rompeu com esses hábitos insensatos. Põe em estudo indiferentemente *qualquer* fenômeno passado. E, se vocês objetarem o exemplo deste ou daquele grande historiador que soube escolher seus temas com inteligência, respondo que a política universitária não é recrutar apenas historiadores inteligentes. Um jovem estudante japonês, vindo à França com a intenção de fazer na Sorbonne uma tese sobre Racine, ouviu a resposta: "Racine já está estudado; resta Rotrou." Assim nossos melhores romanistas abandonaram a flor do direito romano, a jurisprudência clássica: especializaram-se na história da Roma arcaica, na decifração da lei das XII Tábuas e na pré-história latina ou etrusca. Outros empreenderam admiráveis pesquisas sobre os direitos denominados cuneiformes (trata-se das instituições dos antigos Impérios orientais). O direito romano perdeu seu privilégio. Vários mergulharam com volúpia nos "direitos" da *decadência*: história das deformações sofridas pelos textos do direito romano entre as populações bárbaras, iletradas. O antigo curso de direito romano foi substituído por um ensino de "direitos da Antiguidade", do qual não é de espantar que os professores de direito civil tenham dispensado seus alunos.

Mas, para a pesquisa aqui empreendida, concernente à invenção em Roma de um conceito rigoroso do direito, esses métodos são desastrosos. Uma definição rigorosa do direito tem pouca possibilidade de ser encontrada no tempo das XII Tábuas, ou nos Impérios hititas. Quanto ao Baixo Império orientalizado, penetrado de influência cristã, ele vive sua degenerescência. Somente na época clássica, e com a condição de *escolher* as obras dotadas do mais alto poder criador, é que se recuperará a idéia do direito.

Ainda não tocamos na maior dificuldade.

A história reduzida aos fatos

Ela se deve sobretudo ao *método*, adotado pela ciência histórica alemã do século XIX. Uma segunda característica das ciências "experimentais modernas" – se não contemporâneas –, além de sua estrita especialização e suposta "neutralidade", é sua idolatria pelos *fatos*. Vejo nisso um efeito do triunfo, sobrevindo na época moderna, da ontologia nominalista. O nominalismo nos ensinou a ter por reais somente coisas singulares (átomos físicos ou indivíduos). Quanto às relações, às hierarquias, à ordem geral em que estão dispostas essas coisas singulares, elas não teriam realidade fora de nossos discursos e de nossa mente: tratar-se-ia apenas de signos, gerados livremente pelo homem que os remaneja a seu bel-prazer para melhor calcular as coisas reais singulares (*infra*, cap. 8).

Mais apropriada ainda para esclarecer o método científico moderno (do qual ela apresenta uma análise que toma como modelo a física e a astronomia de Newton) é a filosofia de Kant. Das "coisas em si", do real, só nos chegariam sensações particulares incoerentes. E o cientista as formaliza, ou seja, as arruma sob as *formas* de sua mente: formas da sensibilidade (o espaço e o tempo – a linguagem das matemáticas), do entendimento ou da razão. Compete ao cientista ou ao filósofo gerar ele mesmo essas formas ou descobri-las em sua própria mente. Renuncia-se a buscar uma ordem no dado histórico real. O historiador só poderia encontrar nele uma poeira desordenada de fato. Que poderá sair de semelhante método histórico senão, da história considerada globalmente, as mais arbitrárias "reconstituições"?

A história científica se assinala por seu culto dos *fatos*. Coleta os fatos do passado (labuta infinita); depois se esforça em ordená-los, pô-los em sistemas; mas essas sínteses, invenção do historiador, tecidas nas formas conceituais de seu tempo particular, não expressam a ordem antiga.

Foi assim que se instalaram no cérebro de nossos contemporâneos tremendos erros históricos de *conjunto*. A história científica é inigualável para filtrar o mosquito, mas fez-nos engolir enormes camelos: o *historicismo*, essa ilusão denunciada acima, de que tudo se move em bloco na história, as técnicas de produção, as artes e a filosofia.

Nossa visão *progressista* da evolução, do "obscurantismo medieval", do grande avanço efetuado pelo "Renascimento", pela época das Luzes e pela Revolução Francesa. O *materialismo histórico*, que em suas formas mais grosseiras chega a explicar Racine pela economia do século XVII. A que leva o uso, em história, da categoria física de causalidade. O *materialismo dialético*, que visa explicar tudo pela luta de classes (como fará Darwin em biologia). Podemos dar a aparência de demonstrar essas teorias: como há uma infinidade de fatos históricos, sempre se encontrarão bastantes deles para apoiar qualquer tese que seja...

Os romanistas dos séculos XIX e XX têm em seu ativo inegáveis sucessos no estabelecimento e na cronologia dos textos – o conhecimento das *soluções*. Talvez tenham conseguido determinar se o cadáver do devedor devia ser ou não cortado em pedaços e partilhado entre credores, no tempo das XII Tábuas; e quantas testemunhas eram necessárias para proceder à alforria de um escravo... Mas, quanto a suas teorias de conjunto, e à visão que trazem do direito romano em geral, elas não merecem que se lhes tenham confiança. Como elas poderiam explicar idéias jurídicas romanas, ao passo que se obstinam em expô-las nas categorias modernas?

Abra a maioria dos manuais chamados de "direito romano". No início dos capítulos são dadas definições dos termos principais do direito: direitos reais, direitos de propriedade, obrigação ou contrato; todas copiadas dos manuais de direito civil contemporâneos. Responder-me-ão que alguns romanistas se preocupam de novo com o sentido que tinham para os romanos estes termos: *contractus, dominium, proprietas, jus* etc. Mas, pelo que eu saiba, eles repugnam à história da filosofia, caminho necessário à redescoberta da estrutura de uma linguagem antiga.

Em média, os sectários dos métodos científicos alemães, porque lhes haviam ensinado o apego exclusivo aos fatos, excitado neles a mania da erudição microscópica, negligenciaram o estudo das categorias do pensamento jurídico romano. Tal lacuna era ruinosa para a sobrevivência do direito romano. Pois está claro que as soluções que eram utilizadas em Roma sobre a alforria dos escravos ou sobre o testamento *per aes et libram* estão hoje desprovidas de interesse prático. Nossos civilistas nada têm que fazer com elas. Enquanto a técnica instituída pelos jurisconsultos romanos, a maneira como tiveram de articular o mundo para as necessidades dessa ciência, suas formas de pensamento, sua linguagem poderiam conservar atualidade. No direito romano, a história científica deixou de lado o mais necessário.

Conclusão: tiraremos muito pouco da literatura erudita romanista do século XX, quase muda sobre nosso propósito. Teremos de voltar às fontes.

A invenção do direito em Roma

Parece possível datar aproximadamente o momento dessa invenção por volta da época ciceroniana, enquanto o Estado romano era ainda uma República. Acontece que Cícero nos traz um testemunho disso.

De oratore, I, 188 e ss. – A obra de Cícero versa aqui sobre a formação e os conhecimentos jurídicos requeridos de um bom orador; os discursos eram, em sua maioria, judiciários.

A esse respeito, diz Cícero, uma novidade importante está surgindo. Por muito tempo, não existira em Roma nenhum ensino teórico do direito. Os advogados se formavam no direito por uma espécie de método clínico, como um estudante de medicina observa doentes no leito de forma que faça seu molde. Eles deviam gastar seu tempo seguindo desordenadamente os processos. Mas, diante dos olhos de Cícero ou – pouco me importa – algumas décadas antes de Cícero (em seu Diálogo ele faz falarem personagens de uma geração anterior), aparece a primeira linhagem dos grandes jurisconsultos romanos, os *veteres*: Quinto Múcio Scevola, Sérvio Sulpício, amigos de Cícero ou de sua família, autores de tratados gerais da ciência do *jus civile*. Empreenderam conferir ao direito a forma de uma "arte" organizada.

Era o tempo da invasão em Roma da cultura grega. Os gregos haviam criado "artes" noutras áreas: a música, a astronomia, a geometria, a gramática etc., sob a dependência de um pequeno número de princípios. A operação comportava grandes vantagens para o ensino dessas disciplinas. No direito, os romanos realizam o mesmo tipo de progresso, e a formação dos juristas não deixará de tirar benefícios desse fato.

Extraio desse texto duas informações:

1) Aqui está claramente atestada a verdade histórica de que a ciência do direito é invenção da *Roma* clássica. Mais uma vez, nada de análogo nos Impérios orientais, no mundo bíblico do Antigo Testamento, nas Índias ou na China. A esse grupo de juristas romanos cabe a descoberta da "arte" do direito; destinada a conhecer um vasto desenvolvimento no curso da história romana (os três primeiros séculos do Império); conservada pelo Baixo Império; que mais tarde a Europa deveria reproduzir e espalhar pelo globo; cujo fruto, por um efeito do declínio dos estudos de história, corre o risco de ser perdido.

2) O texto salienta que essa própria criação encontra sua fonte na cultura *grega*. Não só os gregos haviam tra-

zido os modelos das outras artes, mas nenhuma poderia constituir-se, acrescenta Cícero, sem a ajuda da filosofia, cujos inventores foram os gregos; o recurso à *dialética* que inteira resulta, diz ele, da filosofia. Que significará nessa passagem a palavra "dialética"? Arte de distinguir e definir os significados precisos dos termos gerais da linguagem. Os diálogos ou discussões praticados pelos filósofos cumprem justamente essa função. De modo que o termo é sinônimo de "filosofia".

A nova arte romana procede de uma *definição* da finalidade do direito. Cícero formula esta definição: "*Sit ergo in jure civili finis hic legitimae atque usitate in rebus causisque civium aequabilitatis conservatio*" (o serviço de uma justa proporção na partilha dos bens e nos processos dos cidadãos). Definição extraída dos filósofos gregos (logo veremos de qual espécie particular de filosofia). Na seqüência do texto nos é explicado que, subdividindo e definindo cada um dos termos da frase, elaboraremos a linguagem específica do direito. Toda ciência se compõe sobretudo de uma "linguagem bem-feita".

Contentemo-nos com esse depoimento significativo, corroborado por muitos outros. Conseqüências para nosso propósito: a elucidação do conceito geral do direito vem da filosofia. Nosso primeiro campo de pesquisa deve ser uma filosofia. Nova distorção nos usos das Faculdades de Direito: a filosofia não faz parte das leituras do historiador do direito, e os partidários das ciências positivas só podem detestá-la – porque lhes mina os postulados.

E porque espontaneamente ninguém deseja ser incomodado em seus hábitos. Antes de abordar os capítulos que se seguirão sobre a Grécia e Roma, vale advertir o leitor: será pedido um pequeno esforço cerebral.

4. Uma descoberta de Aristóteles

É um tema eminentemente grego o do direito. Os poetas, os trágicos, os filósofos são como que obcecados pela descoberta, no seio do *cosmos*, das cidades, ou da história humana, de uma *ordem* harmoniosa.

Poderíamos seguir seu desenvolvimento sob termos diversos, numa multidão de autores. Mas escolheremos ARISTÓTELES por três razões:

1) Formulações aristotélicas parecem-nos ter exercido uma influência determinante sobre a construção da ciência jurídica romana. O texto de Cícero comentado traz a prova disso. Sua definição da finalidade da arte jurídica procede da obra de Aristóteles.

Os romanos têm reputação de ter praticado o ecletismo em filosofia; souberam um pouco de todas as doutrinas maiores da filosofia grega: Platão, Pitágoras, o ensinamento das escolas helenistas, o ceticismo, o epicurismo, sobretudo o estoicismo, não sentindo escrúpulo em misturá-los: censura-se isso a Cícero.

Ora, Cícero não desprezava a obra de Aristóteles (possuía muitos fragmentos dela e pretendia ter resumido os *Tópicos*, para o uso dos jurisconsultos. Então Andrônico de Rodes (o último escolarca do liceu) apresentava a edição das aulas de Aristóteles e parafraseava sua *Ética*. E a *Retórica*, que formava a base da educação dos romanos, veiculando os lugares-comuns e princípios filosóficos gregos, se originava na tradição de Aristóteles, um de seus primeiros teóricos.

2) A obra de Aristóteles situa-se no apogeu do esforço filosófico grego; beneficia-se das contribuições de Platão e da escola de Pitágoras; não é vedado julgar que ela constitui seu coroamento.

Há também seu talento próprio. Menos poeta que Platão – muito tempo difamado na Europa por suas teorias científicas que os cientistas modernos julgaram ultrapassadas –, ele pode representar o ápice do *gênero* da filosofia; não sem razão, Aristóteles é que foi designado nas escolas medievais pelo rótulo: "o Filósofo".

3) Enfim, a razão decisiva: ele foi a nossos olhos o primeiro filósofo do *direito no sentido estrito*. Os fundadores do estoicismo, que viveram mais tarde nos impérios helenistas e se afastaram dos negócios públicos, ocuparam-se sobretudo com moral. A mesma coisa é verdade de Epicuro, mesmo quando tentou esboçar sua própria teoria da gênese do direito. Admitindo a possibilidade de aplicá-los aos governos das cidades, Pitágoras se interessa pelos números, pelas matemáticas e pela música. Platão, representado pelo famoso quadro de Rafael, tem os olhos voltados para o céu, e, se se preocupa com a justiça no *Górgias*, na *República*, nas *Leis* e em alguns outros diálogos, era com uma justiça moral, ou com uma justiça universal, ou com Política, não com o ofício jurídico.

No mesmo quadro de Rafael, Aristóteles olha para a terra. Dotado desse espírito universal que fez dele o modelo do Filósofo, de uma curiosidade enciclopédica, pouca coisa na vida terrestre escapou às suas observações, e sobretudo não os fenômenos da vida social cotidiana: o comércio, a partilha das riquezas no interior de cada cidade; as defesas dos advogados, cuja análise sua retórica oferece; o comportamento dos pleiteantes e dos juízes, de seus conselhos, as realidades *judiciárias*. Devemo-lhe ter descoberto o conceito do *direito*.

Sua descrição da justiça

Tanto na Grécia como para os romanos, a idéia do direito é solidária da de *justiça*. A própria linguagem o prova. O *Corpus Juris Civilis* enfatizará esse vínculo: *jus*, derivado de *justitia* (*jus a justitia appellatum*), será notado já nas primeiras linhas do Digesto. Pelo menos as duas palavras são aparentadas.

Alguns romanistas da época moderna propuseram do termo uma segunda etimologia; quiseram ligar a palavra *jus* a *jussum*, de *jubeo*, eu ordeno, a fim de identificar o direito ao sistema das leis estatais, ao mando do poder. Mas ela não é muito defensável, porque *jubere*, em latim clássico, não evocava um mando. Em grego, é a mesma palavra, *díkaion*, que traduzimos ora por justo e ora por direito. Nossas linguagens européias não puderam separar-se, nesse ponto, das línguas antigas: o ministério dito da "Justiça" se ocupa do direito. *Recht* ficou ligado, morfologicamente, a *Gerechtigkeit*.

Eis o que pode guiar nossa escolha através da obra de Aristóteles. Decerto ele falou do direito em lugares diversos: na *Retórica*, que comporta o estudo dos discursos do gênero judiciário. Sua *Política* é uma espécie de tratado de direito, se conferimos a essa palavra seu sentido mais lato; nela encontraremos exemplos, muito esclarecedores, de aplicação do método do "direito natural". Nas obras de *Metafísica*, ou mesmo na *Física*, cumpriria buscar os princípios. Contentar-nos-emos com o livro V das *Éticas nicomaquéias*, texto que representou durante muito tempo um papel primordial na educação dos juristas. Ali Aristóteles trata da justiça. Prosseguindo a análise das finalidades e das obras da justiça (*dikaiosýne*), ele se vê levado a elucidar o conceito de direito (*tò díkaion*). Sigamos esse caminho.

Primeiro ato: desvencilhar-se da noção de justiça reinante em nosso círculo, de proveniência idealista. A justiça seria um *ideal*; produto do espírito, ser imaginário; sonho de liberdade total e de igualdade – noutros termos, realização, num futuro paradisíaco, de nossos "direitos humanos". Mas isso não tem utilidade para os juristas. Não! Para Aristóteles, a justiça será realidade, um setor da realidade!

Assim também, devermos fazer abstração da idéia de justiça *bíblica* judaico-cristã, da qual a justiça do idealismo é, aliás, uma derivação. Nas versões gregas e latinas do Antigo Testamento, trata-se com muita freqüência da justiça, com as palavras *Dikaiosýne, Justitia* – traduzindo o hebraico *tsedaka* ou termos vizinhos, entre eles *Mischpat* (comumente traduzido por direito). "Observai o direito e a justiça" é um *leitmotiv* na obra dos profetas. Que significarão essas palavras? Elas convidam à obediência à Lei divina, à Santidade, à União com Deus. Decerto implicavam também uma exortação feita ao rei de garantir a paz e a felicidade do povo, a todos de cumprir ritos religiosos – e abster-se de oprimir os pobres. Mas qual parte das riquezas cabia precisamente aos pobres? A tal viúva, a tal órfão? Pouco esforço para medi-lo. Não entra nas intenções da literatura profética determinar os direitos de cada qual. Esse termo de justiça bíblica, espiritual, não tem conseqüência para a arte jurídica. Com os gregos, emigramos para outro mundo.

Consideraremos a *moral*, ou o que hoje os historiadores da filosofia denominam a moral de Aristóteles. Não é uma moral no sentido dos modernos: absolutamente um Código, um sistema de "regras de conduta", de imperativos que Deus ou a "Razão" ditariam. A obra de Aristóteles, *realista*, é uma descrição, análise dos *costumes*: *Ethiká* – o termo está no plural. Modos de agir, comportamentos cujo espetáculo as diversas espécies de homens oferecem na cidade, e suas disposições internas. Isso se prende também à psicologia, ao *behaviorismo* ou à caracterologia (Teofrasto, discípulo de Aristóteles, escreveu um livro sobre os *Caracteres*, no qual se inspirou La Bruyère).

Mas observação *integral*. Nela os atos dos homens serão percebidos com todas as suas dimensões, em seu dinamismo natural. Se tenho de descrever o trem-bala passando em Mâcon, indicarei sua direção, que se dirige a Lyon, logo a Marselha. Aristóteles visa reconhecer os *fins* aos quais tenderiam nossos comportamentos. Já que se trata dos atos dos homens, temos direito de lhes atribuir finalidades "naturais"? Teremos de verificá-lo.

Uma vez reconhecidas suas tendências, procuraremos em quais medidas as condutas humanas atingem a meta, aproximam-se do objetivo ou não o atingem; noutros termos, seu valor. Por isso vão ser distinguidas as *virtudes* e os *vícios* opostos. Em particular, o que é a justiça e seu contrário a injustiça, que são objeto do livro V das *Éticas nicomaquéias*.

Quanto à técnica de pesquisa, sabe-se que Aristóteles pratica o método, que hoje voltou à moda, da *análise da linguagem*. A linguagem espontânea do povo deve refletir – nem sempre de maneira plenamente adequada, pois falamos de uma forma relativamente imprópria – as próprias coisas. Aristóteles tenta analisar as significações que estes termos de linguagem grega: justiça (*Dikaiosýne*), injustiça (*adikía*), ou outros da mesma família, tendem naturalmente a revestir. Por essa via, atingem-se as *realidades* que essas palavras significam.

Justiça geral e particular

Já no começo do livro V, essa análise lingüística o conduz a uma descoberta. Do termo grego *dikaiosýne*, ele distingue duas acepções. Essa distinção se revelará de importância cardeal para os destinos da ciência jurídica.

Como todos os termos gerais de nossa linguagem, a palavra "justiça" é polissêmica. Tratemos de tirá-la de sua imprecisão. Ocorre que os gregos a usavam ora num sentido excessivamente lato, ora em seu sentido mais estrito. Há da justiça uma espécie que Aristóteles chama *geral* e a segunda, *particular.*

A virtude de justiça (é virtude o tipo de atividade habitual que inclina para o bem, ao qual é "natural que tendam nossas condutas) é sempre uma atividade a serviço da *ordem*; pois a ordem parece constituir para os gregos um valor supremo, que coincide com o belo, com a harmonia. Costumam chamar de "justo", num primeiro sentido, o homem que tende a ficar em concordância com a ordem cósmica universal; o homem justo ocupa, no seio do mundo, o lugar próprio que lhe cabe e, no teatro da vida, desempenha bem seu papel. Na *República* de Platão, o escravo justo é quem se limita a fazer bem seu trabalho de escravo e não se imiscui no governo; justo, o guerreiro corajoso e forte que cumpre sua função de militar; ou o governante que governa etc. Que a ordem em tudo seja realizável, tal se revela a finalidade da justiça "geral", "total", acabada (*teleía*); noutros termos, é possível identificá-la à observação da lei moral inteira. Daí seu outro nome, "justiça legal". É citado em Platão o verso de um poeta grego que diz que a justiça assim entendida "é a soma de todas as virtudes".

A "justiça total" de Aristóteles pode ser aproximada da "justiça" bíblica: "Não se encontraram dois *justos* em Sodoma". Deus faz Noé escapar do dilúvio porque Noé foi considerado "justo" – o servidor sofredor de Isaías é declarado "justo". Entretanto, a moral judaico-cristã é de um teor muito diferente, menos centrada na ordem do que no amor.

Esse primeiro significado – por mais freqüente que possa ser nos textos gregos – é de parca utilidade. A justiça assim entendida é quase sinônimo de moralidade; não serve para distinguir, designar um tipo específico de comportamento. Aristóteles não se detém muito nela.

Mais original será a análise da justiça *particular*; a língua grega diz de um comerciante que ele é justo quando é honesto; quando não trapaceia no preço da mercadoria, paga suas dívidas exatamente. O homem justo é, para Aristóteles, aquele que "não pega mais do que sua parte" (nem menos do que sua parte) dos bens exteriores partilhados num grupo social. Essa "justiça" é uma parte (*meros*) da justiça total.

É natural e inevitável que o mesmo termo signifique ao mesmo tempo o serviço da ordem universal ou somente dessa parte da ordem universal, constituída na cidade pela partilha certa dos "bens exteriores". Mas o segundo sentido apresenta mais interesse prático: a "justiça particular" forma uma virtude específica, que não se confunde com o conjunto da moralidade, mas se distinguirá, por exemplo, da coragem ou da temperança. É a ela que Aristóteles consagra, no livro V, a maior parte de seu estudo.

Da justiça ao direito

O direito (*tò díkaion*) será, portanto, "o objeto da justiça" – escreve Santo Tomás, excelente intérprete do texto de Aristóteles –, a finalidade perseguida; é, dizíamos nós, a ordem, a harmonia, à qual tende a atividade do homem "justo".

Mas distinguiremos entre as justiças "geral" e "particular", uma vez que acabamos de ver que seus "objetos" diferem. Constataremos, à leitura desse livro V, que o direito (*díkaion*) só adquire realmente forma no interior da segunda dessas duas "justiças".

Justiça geral e direito

Cumpre matizar: no idioma grego, a palavra *Díkaion* é suscetível de empregos diversos, de maior ou menor precisão. À justiça geral pode corresponder uma espécie de "direito" informe, incompleto, indeterminável.

Antes de Aristóteles, a maioria dos filósofos gregos não conheceu outro. Parecem-me chamar de *díkaion* essa ordem geral do mundo, objeto da "justiça geral", segundo Aristóteles. O diálogo de Platão sobre a *República* tem este subtítulo nas edições francesas: "Sobre o *Díkaion*" (*perì toû dikaíou*). De qual direito trata-se aqui? O diálogo visa restaurar a ordem universal em primeiro lugar na Cidade, onde a Justiça é "inscrita em grandes caracteres": que sejam respeitadas a justa hierarquia e as diferenças entre o filósofo que dirige a marcha do navio, os guerreiros, os trabalhadores, os escravos; e mesmo a subordinação aos homens dos animais e das coisas. Mas também no *microcosmo* formado por cada indivíduo: que a razão mande no coração, enquanto os apetites sensuais serão colocados em seu lugar certo. As *leis*, obras do rei filósofo e de seu substituto, têm a função de preservar a perenidade dessa ordem. O direito se inclina, então, a coincidir com a observância das leis. O maior número dos filósofos da Antiguidade pôde entender o termo *tò díkaion* (com o risco de só o usar parcimoniosamente) nesse sentido vago. E o próprio Aristóteles em sua *Política*, e por um momento no início de suas *Éticas nicomaquéias* (1129 até o fim).

Daí sai uma idéia do direito que o torna o instrumento das regras morais: tal como o direito penal, algumas vezes concebido como meio de impor deveres de moralidade, de sancionar certas ofensas à lei moral, homicídio, incesto, violências, por muito tempo o sacrilégio, a heresia e o aborto. Essa maneira de analisar as funções do direito criminal parece contestável. O *jus gentium* dos romanos – ancestral de nosso direito internacional – parece em parte constituído de preceitos extraídos da moral helenista: observação dos contratos, fidelidade às alianças, respeito devido aos hóspedes e aos miseráveis – e outros deveres de "humanidade".

Nessa via é que se engolfará a doutrina jurídica moderna, que tirou sua inspiração da moral estóica e do cristianismo. A filosofia jurídica moderna identificará o direito e as leis. A *Ética* de Aristóteles e o *Digesto* romano se abstinham de tal confusão.

As leis (instrumento criado pelos gregos a serviço da ordem universal – fossem seus autores filósofos ou os fundadores de cidades) não devem ser confundidas com a própria ordem, que notamos ser "o objeto" da justiça geral. Quanto a essa ordem universal, seria correto designá-la pela palavra "direito"? Isso é possível. Não nos será proibido nomear "direito" a harmonia geral do mundo. Mas é um direito que não terá a menor utilidade para os juristas. Aliás, indizível, indefinível. Não essa coisa distinta e determinada, que logo veremos significada pelo substantivo *tò díkaion*. De fato, foi em sua análise da justiça particular que Aristóteles definiu o *tò díkaion*.

Emergência do direito, com a análise da justiça particular

A segunda espécie de justiça analisada por Aristóteles tem como finalidade que ninguém tome "mais" ou receba "menos" que sua parte dos "bens exteriores" partilhados num grupo. Ora, esse objetivo não pode ser atingido sem que de início seja *mensurada*, determinada a proporção entre os bens ou obrigações de uns e de outros. Posso dizer, tratando do objeto da justiça *particular*, que com ele lidamos com algo *finito*, que cumpre nomear "*Direito*".

Eis-nos lançados no terreno da arte *jurídica*. Para essa *mensuração*, indispensável aos particulares, de suas respectivas partes, escreve Aristóteles, eles se dirigem ao juiz: *Dikastés*. Lembremos que, ao longo de todo o livro V, Aristóteles faz metodicamente a análise semântica dos termos que derivam da raiz *Díke*: *dikaiosýne, díkaion* etc., entre os quais está *Dikastés*.

Qual é, de fato, o ofício do juiz? Ele tem diante de si dois pleiteantes que disputam um pedaço de terra, uma parte de herança, a guarda de uma criança em caso de divórcio, o montante preciso de um crédito, de uma obrigação, uma honra, um encargo público. Em vez de esvaziar pela violência sua divergência, recorrem à justiça, ou seja, ao juiz. E o juiz os dispensará depois de ter, em sua sentença, *determinado a parte* de cada um.

Em seu *Comentário* do texto de Aristóteles, Tomás de Aquino observará que a justiça particular é mormente a virtude do juiz e dos juristas seus auxiliares, entre os quais, quando as leis têm o objetivo de guiar o trabalho do juiz, cumprirá incluir os legisladores. Dos particulares só é requerido, para serem "justos", "executar" as determinações do direito, cujos autores são os juristas.

Corolário: para Aristóteles, é da natureza do direito (no sentido estrito) ser "político" (*tò díkaion politikón*): acabamos de ver que o funcionamento da justiça particular pressupõe a existência de juízes. Recentes estudos fenomenológicos (penso no livro de Kojève) repetiram a demonstração: ninguém pode, racionalmente em suas relações com os outros, afirmar-se titular de um "direito", se sua pretensão não se fundamenta na sentença de algum "terceiro desinteressado"; poder-se-ia tratar de um árbitro livremente escolhido pelas partes, mas suas decisões correriam o risco de ser ineficazes. Não há direito sem juízes; não existem juízes, e juristas para aconselhá-los, senão em cidades organizadas.

Por isso, seria preciso excluir a existência de um direito *familiar*. As relações entre pai e filho, marido e mulher, senhor e escravo, na Grécia e em Roma, prendiam-se à "economia"; quando muito, poder-se-á falar de um começo de direito, ou de um "quase-direito" familiar.

Assim também teremos, por mais que duvidosa, a possibilidade de um direito *internacional*. Por certo as cidades, ou os cidadãos de cidades diversas, disputam entre si a posse de bens exteriores. Mas, para tratar disso de modo racional, faltam os meios indispensáveis. Difícil determinar se os territórios da Cisjordânia são a parte justa de Israel, da Jordânia ou da OLP; falta um juiz, e todo o aparelho da arte judiciária. Existem *deveres* internacionais, regras de conduta codificadas pelos moralistas e reconhecidas pela opinião pública: lugar de uma moral, não do exercício da "justiça particular".

Ausência de um direito universal. E agora vou aprofundar, seguindo o texto de Aristóteles, sua definição do direito.

TÒ DÍKAION

É uma parte da doutrina aristotélica apropriada para reter a atenção dos especialistas de teoria geral do direito, mas despercebida pela maior parte.

Aconteceu-me passar batido, quando, para começar, tomei conhecimento do texto da *Ética* com a ajuda das traduções em língua francesa. Depois apercebi-me, no original, de que o termo *tò díkaion* nela aparece, comentado, um número incalculável de vezes (não disponho de um computador). Significa conjuntamente "o justo" e "o direito".

Reconheçamos que a síntese do justo e do direito pode perturbar-nos em nossos hábitos. "Direito" no século XX evoca outra coisa. Para cúmulo de infelicidade, o francês ignora o palavra "justo" no neutro. Em francês, o neutro (o que é justo) não se distingue foneticamente do adjetivo masculino ou feminino (*díkaios*, o homem justo ou a mulher justa). Os tradutores, em sua maioria indiferentes à filosofia do direito, têm o hábito de traduzir esse neutro – *tò díkaion* – por perífrases totalmente impróprias: a justiça, as leis, o ato justo etc. No livro V da *Ética*, há uma definição do *direito*, a primeira pelo que eu saiba e certamente não a menor, de todas as filosofias do direito.

Eis três critérios do *Díkaion*, extraídos da descrição de Aristóteles. Notar-se-á que todos eles confirmam o fato de pertencer à justiça particular.

Três atributos do direito

1) Um objeto

O direito é um objeto exterior ao homem. Primeira conclusão resultante de uma análise gramatical. *Tò díkaion* vem do adjetivo *díkaios* (o homem justo, cujo comportamento e cujas disposições internas demonstram que nele reside a virtude de justiça). Se se tratasse de um adjetivo, posto no neutro, seria suscetível de qualificar diversos tipos de situações ou de ações justas. Mas o *substantivo tò díkaion* indica um "sendo".

Qual espécie de sendo? Dizíamos: o objeto da justiça, da atividade do homem justo, e o termo dos esforços do juiz. Sua finalidade. Algumas vezes, esse fim é realizado já antes que o juiz ou a lei tenham intervindo. Na Constituição de Atenas, nascida espontaneamente, o observador descobre o direito: relações justas, que poderão servir de modelos. *Tò díkaion* é "o que é justo" (*id quod justum est*), a "coisa justa" (*res justa*).

O objeto da justiça (particular) é a justa partilha dos bens e ônus num grupo. Não se trata de uma "substância" (o substancialismo nos parece um vício do pensamento moderno), mas dessa outra espécie de sendo, uma *relação*: a relação mais bem ordenada, na qual se reconhece o valor da ordem em que estão dispostas as coisas repartidas entre pessoas. O conceito do direito pressupõe uma pluralidade de pessoas entre as quais ocorreu uma partilha de coisas exteriores.

Por derivação, a palavra pode designar a *parte* que cabe a cada uma das pessoas, o direito de determinado indivíduo. Essa acepção parece rara nos textos gregos, ao passo que o termo latino *"jus"* e o francês "direito" serão com freqüência empregados no sentido de direito individual. No entanto, no ponto em que Aristóteles (no mesmo livro V da *Ética*) fala de *díkaion patrikón*, de *díkaion despotikón*, essas palavras parecem mesmo significar a situação própria que o pai tem, um complexo de prerrogativas e de obrigações relativamente aos filhos, ou o senhor a respeito do escravo. É verdade que aqui se trata – já que as relações intrafamiliares pertencem em boa linguagem à economia – apenas de um "quase-direito".

Havíamos lembrado, no início da aula anterior, algumas das definições múltiplas e contraditórias dadas hoje à palavra "direito".

"Direito objetivo", conjunto de textos – mais precisamente, de "regras de conduta" que pretendem reger nossos comportamentos? Essa fórmula atesta a dominação, na época moderna, dos moralistas sobre o direito; confusão entre direito e moral. A análise de Aristóteles salva-nos dessa confusão: o ofício de jurista não consiste, como o do moralista, em tornar o homem justo (*díkaios*). Ser um homem justo ou uma mulher justa é efetuar *atos* justos (não tomar, de fato, mais do que sua parte); ademais, ninguém é justo sem espírito de justiça; a virtude de justiça não existe sem disposições interiores. O *Díkaion* é a partilha (a relação justa, a parte) que compete ao jurista determinar. E ele não tem de cuidar da moralidade subjetiva; nem sequer, em princípio e diretamente, das condutas dos indivíduos.

Outra acepção da palavra "direito" na linguagem atual: *direito subjetivo*, que é "poder" – qualidade adjacente ao indivíduo, permissão dada ao indivíduo de exercer esta ou aquela conduta (usar a coisa a seu arbítrio etc.) – ou liberdade natural deixada ao sujeito. Para outros, o direito subjetivo é "vantagem" conferida ao indivíduo – vantagem pura de qualquer ônus ou obrigação:

direito "à saúde" ou "à cultura". Dessas duas espécies de "direito subjetivo" procedem nossos "direitos humanos". A idéia dos "direitos humanos" é incompatível com a descrição realista que os Éticos propõem do direito. Se o direito é coisa, ou parte de coisa, ele não se confunde com uma "liberdade"; quando muito a "parte" de cada um sempre constitui uma mescla de ativo e de passivo; todas as vezes que um cidadão se vê atribuir uma propriedade, ele arca também com seus ônus.

2) Uma proporção

O *tò díkaion*, precisa Aristóteles, é uma proporção – um *análogon*: efeito de uma partilha proporcional. As declarações dos direitos humanos prometem a todos, identicamente, a liberdade e o respeito da dignidade. Mas nem a liberdade nem a dignidade estão no número dos "bens exteriores" partilhados; não oferecem matéria ao direito. A justiça particular só se relaciona com os objetos que se repartem: as funções públicas, as honrarias, bens materiais, obrigações. O direito de cada qual, que ela define, é o produto dessa divisão, uma quantidade sempre *finita*. E as partes de uns e outros não serão *iguais*.

Objetarão que os cidadãos são iguais perante a justiça, proposição contida, aliás, no texto da *Ética* – e que o juiz deve levar em conta essa igualdade; que, para Aristóteles, o direito é uma espécie de igualdade (*tò íson*). Mas as matemáticas na Grécia não têm a secura das nossas; sempre eram ciosas de beleza. A palavra *íson* é mais bem traduzida pelo latim *aequum, aequitas*, medida adequada, justa *proporção*.

Aproveitando a doutrina pitagórica, Aristóteles tenta analisar essas relações de que é formado o direito. A justiça (trata-se sempre da justiça particular) acha meios de se exercer na vida social em duas circunstâncias:

a) Primeiramente, as *distribuições*. Uma primeira espécie de direito ocorre nas distribuições: *díkaion en taîs dianomaîs*, donde os escolásticos tiraram sua "justiça distributiva". Mas essa tradução é enganadora: tenderia a fazer-nos presumir que competiria à justiça fazer entre todos uma "partilha" das riquezas comuns. Vi recentemente alguns teólogos desenvolverem, sob o pretexto da "doutrina social católica", essa falsa interpretação. Segundo o texto de Aristóteles, o ofício do juiz é verificar a justiça das divisões *previamente* operadas – não sabemos bem por quem, mas não pelo próprio juiz. E que elas não poderão ser igualitárias.

As funções públicas não poderiam ser as mesmas para todos, cada francês não pode ser presidente da República. Seria injusto e impossível fazer os pobres e os ricos pagarem o mesmo imposto. E a igualdade das riquezas materiais é uma utopia. Convirá atribuir *mais* responsabilidade pública, na medida do possível, às pessoas mais competentes. Se é fundada uma colônia e distribuídos os lotes de terra, os chefes de famílias numerosas receberão uma parte maior.

Aristóteles constata que, "em matéria de distribuições", o justo consiste numa *proporção* entre a quantidade de coisas distribuídas e as qualidades diversas das pessoas. Quais qualidades entram aqui em linha de conta, segundo quais critérios são avaliadas – deixamos o problema para mais tarde.

b) Segundo terreno de intervenção: as transmutações de valores de patrimônio a patrimônio, chamadas por Aristóteles de *synallágmata*, em latim *commutationes*. As *trocas*; mas o *synállagma* engloba tanto as trocas ditas involuntárias, *akoúsia* – um delito e sua punição ou reparação pecuniária –, como as trocas contratuais denominadas voluntárias, *ekoúsia*.

Eis-nos diante de uma espécie diferente de relação de direito: *díkaion en toîs synallámasin* – direito comutativo, donde os escolásticos tiraram sua "justiça comutativa", expressão não menos contestável: não é o juiz, mas o comerciante que faz as trocas.

Qual é aqui a relação justa? Parece que consistiria na igualdade das prestações recíprocas. Seria justo que a pena igualasse a falta (princípio do talião), a reparação de dano sofrido; que para uma coisa vendida fosse pago o preço de igual valor. O equilíbrio seria restabelecido. O juiz não teria, nessa hipótese, de levar em conta em seu cálculo as diferenças entre pessoas. Você compraria uma mercadoria de um homem sensato ou de um louco, de um milionário ou de um mendigo, o preço seria o mesmo. Em matéria de "comutações", o *díkaion* seria uma relação de igualdade simples, "aritmética", diz Aristóteles.

Ele não se atém a essa conclusão. Sua maneira é proceder dialeticamente, e avançar ultrapassando suas proposições iniciais. Vai refutar o talião – e, nas trocas contratuais, a fórmula simplista da igualdade. Suponhamos uma troca entre os produtos fabricados por um sapateiro e por um arquiteto: o juiz, no momento de avaliar o preço dos sapatos e da casa, deverá levar em conta as qualidades diferentes dessas duas profissões.

Em suma, os direitos reconhecidos às diversas pessoas serão desiguais. Quanto mais a justiça, apurando-se, aproxima de seu termo, a eqüidade perfeita – ainda que na prática esse efeito nem sempre seja desejável –, mais possibilidade ela terá de resultar na *desigualdade* dos direitos.

Um meio entre dois extremos

Para completar a análise do *díkaion*, Aristóteles o define por um terceiro termo: *méson*. Essa palavra permitirá compreender não só o objetivo perseguido, mas o *método* utilizado pela ciência do direito.

Não que o tema do meio justo seja próprio dos juristas: todos sabem que ele corre através de toda a moral de Aristóteles – e aplica-se às outras virtudes. Pois todas as virtudes se prendem à justiça geral; têm o objetivo de concorrer para a *ordem*, e toda ordem é um meio justo entre excessos.

A Temperança é um meio entre devassidão e desprezo pelos prazeres do corpo – a coragem, entre medo e temeridade; mas aqui o equilíbrio certo reside no próprio sujeito, o homem temperante ou corajoso.

O direito, ao contrário, pertence ao mundo dos *objetos*. E o meio que ele constitui (essa proporção adequada de que acabamos de falar) tem sua sede *in re* nas coisas, diz o *Comentário* de Santo Tomás. Nós o procuraremos pela observação do mundo exterior.

Assim esclarece-se o *método*: o direito não é feito de mandamentos que um mestre ditaria. Cabe ao jurista descobri-lo mediante uma seqüência de tateamentos cuja necessidade o texto da *Ética* faz compreender.

Os seres naturais do mundo sublunar, cindidos entre a "potência" e "o ato", limitam-se a *tender* para sua finalidade, sua "forma" perfeita. Na prática, ficam longe dela; não chegam ao topo, deixam-se escorregar pela encosta de uma ou de outra vertente. Por isso encontramos pelo mundo muitos homens covardes ou temerários, e muito poucos que tenham a verdadeira coragem. No tocante à justiça particular, dá-se o mesmo; ela *tende* a realizar, na cidade, a partilha certa dos bens e ônus exteriores. Mas é mais raro que consiga. Não nos é dado o espetáculo senão de cidades muito imperfeitas, onde a verdadeira ordem não é atingida.

Nelas as proporções são falseadas, seja por excesso, seja por falta. Na Rússia, o governo tem poderes demais e, na Itália, não o suficiente; aqui as leis deixam aos patrões enormes benefícios, alhures tiraram-lhes demais, até fazê-los perder interesse em empregar novos trabalhadores, e o desemprego se estende. A justiça quereria que ninguém recebesse "mais nem menos do que sua parte".

Nada mais natural, então, que a arte jurídica use um método *dialético*, que procede por confronto de exemplos e de *opiniões* contraditórias, porque cada opinião reflete algum aspecto da realidade. Impõe-se em todo processo primeiro ouvir os pleitos dos dois adversários e então confrontar as teses opostas dos jurisconsultos, uma das quais quer que seja atribuído demais e a outra não o bastante. Para Aristóteles, que incrementa sua demonstração de figuras geométricas a fim de atingir o meio certo, cumpre ao jurista acrescentar aqui e cortar ali. Partindo dos extremos, procurar o meio. Será a partir e através dos desvios em sentidos diversos uns dos outros que se encontrará a via reta.

Quão perfeitamente adaptado à arte judiciária esse método dialético, que está voltando a ser prestigiado, em particular na escola de Chaïm Perelman! Os modernos lhe reprovaram ser incerto, gerador de discussões vãs e intermináveis. Nossos tratados de lógica do direito substituem-no por outro método. Copiando das matemáticas seus modelos de raciocínios estritos, gostariam que o juiz deduzisse suas soluções de *leis* impostas arbitrariamente por um poder soberano; tendo a dialética, ao contrário, aos olhos deles, o defeito de não resultar em nada.

Mas essas críticas não têm fundamento. Assim como nas discussões da escolástica medieval um mestre põe um termo ao debate dando-lhe uma conclusão firme, *a fortiori*, é o caso desse procedimento. Não se concebe a operação sem a presença ativa do juiz, dotado do poder de dirimir. Ele encerra o processo com uma sentença. Uma "sentença" é uma *opinião* não cientificamente demonstrada, entretanto fundamentada, esclarecida pela controvérsia dialética, que levou em consideração, sobre uma mesma causa, os pontos de vista de múltiplos interlocutores. É assim que o juiz chega a sentenças particulares e a dialética produz *hóroi* – essas regras *gerais*, indispensáveis à vida judiciária.

Não entro nos detalhes[1]. Retenhamos este ponto: segundo a análise de Aristóteles, descobre-se o direito mediante observação da realidade social e confrontação de pontos de vista diversos sobre essa realidade, porque o direito, objeto da justiça no sentido particular da palavra, *é* precisamente esse meio, a proporção certa das coisas partilhadas entre membros do grupo político.

---

1. Cf. nosso *Précis de philosophie du droit*, Dalloz, t. 2, §§ 157 a 169. Segue-se dessa filosofia que a organização judiciária e o processo, um bom recrutamento dos juízes, sua independência e seu nível intelectual importam muito mais do que a existência de Códigos.

5. O que é o "direito" na tradição de origem romana?

De um equívoco

Sobre a natureza do direito em Roma, reinam no público estranhas concepções. O espírito "jurídico" herdado de Roma seria sinônimo de *legalismo*. O que é um jurista, para a maioria dos homens de bem? Um maníaco das "formas", incapaz de ver a vida de outra maneira senão através dos textos, e só sabendo "deduzir" a partir dos textos. Desde a obra dos famosos "legalistas" de Filipe o Belo, uma educação, infelizmente muito latina, ter-nos-ia infundido o culto das leis, sinônimo de direito. Não será o mesmo vício que a literatura progressista cristã denuncia? Constantino seria o responsável por ter feito da Igreja uma "instituição" legalista. Onde deviam reinar o Espírito e a livre pesquisa em matéria de teologia e moral, injetado o "juridismo romano".

De onde procedem esses lugares-comuns? De certas filosofias da história do século XIX. Hegel atribuía ao "momento" da dominação de Roma a superação das liberdades gregas. Quando falava da história romana, ele tinha em vista a época imperial. Uma contribuição do "espírito romano" teria consistido na obra imperial de codificação das leis, que se imaginava análoga ao empreendimento com mesmo nome sobrevindo no final do século XVIII. Hegel inspirava-se nas obras de Gibbon e de Montesquieu, que haviam reconstruído à maneira deles, para combater o absolutismo dos modernos, uma história de Roma.

Já Leibniz, que consagrou uma parte de seus esforços para inventar projetos de legislação a serviço dos príncipes de seu tempo, fingia descobrir em Roma um sistema coerente de leis logicamente deduzidas; chegava a qualificar os juristas romanos de êmulos de Euclides.

Mas há um mal-entendido, confusão entre o direito romano e o direito considerado "erudito", oposto aos costumes locais com os quais a prática também lidava. Pondo de lado o direito canônico, foi abusivamente denominada romana toda doutrina relativa às questões de justiça social, professada em língua latina e transmitida às faculdades de direito. Em particular, o sistema da Escola moderna de "Direito Natural". Ora, esta se constituíra contra o direito civil romano; e seus fundadores escancaravam sua hostilidade contra a ciência jurídica romana. A ambição deles foi construir um outro direito, dito universal (*jus universum*), cujos princípios não saíam do *Corpus Juris Civilis*, mas muito mais da Segunda Escolástica; de uma moral cristã estóica; do nominalismo herdado dos últimos séculos da Idade Média; do sistema de Hobbes no qual já se abebera largamente Pufendorf; das idéias de Locke, que logo invadem a Escola; e, quanto ao método, do cartesianismo, do racionalismo de Leibniz. Sobre os pandectistas se imporá a influência de Kant. Mas, como grande parte desses autores tinha pretensão ao título de romanistas, ocorreu que o sistema deles passasse por romano. E suas definições, do Contrato, do Direito subjetivo, da Propriedade, sua teoria das fontes do direito, é que são reproduzidas nos livros didáticos franceses de direito romano.

Temos de reagir contra esse equívoco e reaprender a opor ao direito dos romanistas modernos o direito dos romanos.

Toda definição do direito resulta de uma filosofia. Aventuro-me a sugerir que os juristas romanos não haviam lido Hobbes nem Descartes de que se nutrirão os Pufendorf, os Thomasius e outros professores da Escola do Direito Natural. Somos imbuídos (de modo mais ou menos indireto) de filosofia kantiana; os romanos estavam incólumes. A ciência deles só poderia inspirar-se em sistemas filosóficos aceitos em seu tempo. Temos a possibilidade de apreendê-la de novo apenas com a ajuda das filosofias gregas, especialmente (mostrei por quê) da filosofia do direito de Aristóteles.

Fundação da *Art Juris*

Voltemos ao texto de Cícero, tirado de seu tratado *Do orador* (parágrafo 187 ss., *supra*, p. 30).

Segundo as palavras de Cícero, uns jurisconsultos do final da República, imitando a obra realizada pelos gregos noutras áreas, imaginaram fazer do direito um corpo de doutrina coerente, *reducere jus in artem*. Existem outros sinais do interesse de Cícero por esse empreendimento. Segundo Aulo Gélio, ele teria escrito uma obra, hoje perdida: *De jure civili in artem redigendo*.

Se assinalei esse texto, foi porque na Europa, notadamente no século XVI na escola da jurisprudência humanística, muitos juristas o enfatizaram.

Lembro o tema: para constituir o direito em arte (operação que apresentará vantagens pedagógicas), é preciso, a exemplo dos gregos, obter primeiro um conceito da finalidade da arte jurídica, *definir* o direito. E toda a estrutura da linguagem científica do direito, o conjunto das noções técnicas deverá logicamente decorrer dessa primeira definição.

"*Sit ergo in jure civili finis hic: legitimae atque usitate in rebus causisque civium conservatio.*"

Eu dissera que essa definição do direito observado em seu dinamismo e, portanto, definido por sua *finalidade* era *aristotélica*.

1) O que se trata de definir é o direito *civil, jus civile*. Segundo Aristóteles, é da natureza do direito no sentido estrito ser *político*. O direito no sentido estrito seria inútil no interior de uma família em que o patrimônio é comum, e os bens do pai revertem ao filho. Não há direito, no sentido próprio, nas relações entre cidades ou cidadãos de cidades diversas. A realização do direito pressupõe um juiz (*dikastés*); é necessário um processo, instituições que só existem numa cidade. O direito verdadeiro se exerce no interior de uma mesma cidade, e Aristóteles o qualificava de *díkaion politikón*, que o latim *jus civile* traduz.

2) Qual será a *finalidade* perseguida pelo direito civil? *Aequabilitas*: o que é possível atingir (...*bilitas*) – fica excluído que o jurista atinja a perfeição, sua "dialética" só redunda em verossimilhanças (*supra*, pp. 50-1) em questão de *aequitas*.

Os termos *aequitas, aequum* correspondem às palavras gregas *íson* e *análogon* (p. 47): igualdade não simples, dita "aritmética", mas proporcional, adaptada à qualidade das pessoas. O objetivo do ofício jurídico é buscar uma proporção na partilha dos bens e ônus.

3) *In rebus*. A partilha concerne aos "bens exteriores", *res*. Traduzimos em francês "choses" [coisas]. O sentido

do latim *res* é mais amplo; não se trata unicamente de coisas materiais, "corpóreas". A ontologia cartesiana, com sua estrita separação entre o espírito e a matéria, ainda não passou por lá. Mas da mesma forma – nós logo o veremos –, mais ainda, dos interesses "incorpóreos".

4) *Causisque*: o direito só entra em cena se há litígio. *Causa* é a causa litigiosa, o ponto que se vai discutir no decorrer do processo.

Daí o *plano* dos manuais romanos, fruto da invenção dessa *ars juris civilis*. As *Institutas* de Gaius oferecem o exemplo mais célebre. Gaius dividirá a exposição do direito romano em três partes: tendo primeiramente tratado das *pessoas* (entre as quais ocorreu a partilha), depois das *res* – as *ações*. As "ações" parecem corresponder às *causae*, um dos elementos da *ars juris*, segundo Cícero.

5) *Civium*: nesse direito "político" que é o *jus civile*, as pessoas com estatutos diversos que se beneficiam da repartição jurídica dos bens e dos ônus são os *cidadãos*.

O direito não tem de se imiscuir na ordem interna da família (relações do pai com os filhos e os escravos), nem nas relações entre cidades. Pois o jurista só poderia determinar uma proporção entre pessoas diferentes, mas iguais em certos aspectos. Os originários de uma mesma família, unidos pelo amor, comungando na mesma vida econômica, não são suficientemente "outros" uns relativamente aos outros – "o filho é alguma coisa do pai". Falta o fator de *igualdade* entre cidadãos e estrangeiros.

6) *Usitatae*. Vejo aqui um convite feito aos juristas para procurar a proporção certa para a qual tende a arte jurídica (*aequabilitas*) no uso, no costume, nos hábitos,

por meio da observação das realidades sociais. O direito não é um produto da Razão pura, a projeção de um ideal que nossa mente teria gerado. Sendo ele mesmo coisa, procura-se através das coisas.

7) *Legitimae*. E, no entanto, o juiz levará em conta definições e regras gerais. Toda dialética, inclusive a dialética judiciária, visa de fato estabelecer regras gerais (p. 52). E o juiz respeita as *leis* constitutivas da cidade, que impuseram certas condutas, orientaram os costumes, edificaram as instituições judiciárias, organizaram o processo.

Não que as soluções sejam ditadas ao juiz por um sistema legislativo, procedente dos poderes públicos. Não existe em Roma, tampouco na Grécia, nada comparável a esses Códigos que regem o direito moderno, em cuja composição redundaram, no final da época moderna, os trabalhos da Escola do direito natural. O direito é perseguição de proporções justas, e esse ofício, cuja especificidade Cícero salienta, depende, em última análise, dos jurisconsultos.

Esse preceito conciso (é a lei do gênero, toda definição deve ser resumida, diz o autor, *in paucis verbis*) é um condensado das teses descobertas no seio da *Ética* de Aristóteles, em nosso capítulo anterior. Pode ser que Cícero o tenha recopiado de algum modelo grego.

– Mas, objetarão, Cícero passa por pouco representativo do talento jurídico romano. Em suas obras de filosofia, ele se atribuía a função de transpor para a língua latina, para uso de seus compatriotas, o que compreendera dos filósofos gregos. Estou errado em demorar-me tanto nesse depoimento? A essa objeção, uma resposta, interroguemos a literatura jurídica.

Princípios do direito no *Digesto*

Sabe-se que a ciência jurídica romana transmitiu-se à Europa por intermédio do *Corpus Juris Civilis*, compilação do século VI editada em Constantinopla por ordem do imperador Justiniano, redescoberta na Idade Média pelos glosadores e posta no programa das escolas de direito desde o final do século XI. Vasto *Corpus*, que forma uma mina de literatura. Deixaremos de lado o *Código* e as *Novelas* de Justiniano, coletâneas de Constituições imperiais, a maioria delas datada do Baixo Império, mas exploraremos as *Institutas*, obra de ensino. E, para começar, o *Digesto*.

O *Digesto* foi por muito tempo o melhor meio de que se dispunha para o conhecimento do direito da época clássica. Ora, essa coletânea, composta com ordem, abre-se pela exposição dos *princípios* da ciência do *jus civile*.

Calca-se nas introduções de manuais redigidos na época clássica para a educação dos juristas. Nada mais natural: como o assinalara Cícero, foi para tornar mais fácil o estudo do direito que se criou a *ars juris*. Existe um vínculo reconhecido na Antiguidade entre os esforços empreendidos para pôr em forma científica os diversos setores do conhecimento e as necessidades do ensino. Nas obras didáticas, são dadas as definições mais gerais.

Digesto, Livro I, Título I: *De justitia et jure*; Título II: *De origine juris et omnium magistratuum et successione prudentium*; 3: *De legibus* e 4: *De constitutionibus principium*. Na Idade Média, e mais ainda no século XVI, o primeiro título do *Digesto* (*De justitia et jure*) foi objeto de uma floração luxuriante de comentários. Tomava-se cuidado de primeiro estabelecer os fundamentos. Tende a ser menos cultivado pelos romanistas do século XX.

Observação: Nele não encontraremos, como em Cícero, os próprios preceitos dos fundadores. Dos tratados

dos jurisconsultos do final da República (época da constituição da nova *ars juris civilis*), não subsiste quase nada. O *Digesto* é formado de fragmentos extraídos sobretudo das obras da época imperial. Nele assinalarei algumas infiltrações de correntes filosóficas novas: talvez uma influência maior da moral estóica e, por hipótese, do cristianismo. Mas isso muda pouco. Parece que os jurisconsultos dos séculos II e III, cônscios do valor dos conceitos sobre os quais era edificada a *arte* do direito civil, os *conservaram* quase todos. O gosto pelas mudanças, que o dogma do progresso alimenta em nós, não é uma atitude corrente na Antiguidade, sobretudo não da corporação dos jurisconsultos. Nela cultua-se a tradição. Mesmo Justiniano e seus ministros (cujas tendências "arcaizantes" alguns historiadores notaram).

Conjunto de textos por demais esquecidos, contentar-me-ei em reproduzir dez exemplos significativos, acrescentando-lhes este comentário: é impressionante encontrar nesse primeiro título do *Digesto* a mesma estrutura, o mesmo procedimento que na *Ética* de Aristóteles e, deixadas de lado algumas adições, a mesma substância.

A justiça

Assim como Aristóteles, o jurisconsulto romano tem acesso ao direito pela *justiça*. O direito constitui um elemento (o objeto ou a causa final) dessa espécie de atividade habitual que a justiça é. Começo da obra:

1) *D*, I, I, I (tirado das *Institutas* de Ulpiano): "A quem vai trabalhar o direito é necessário conhecer de onde deriva esta palavra: 'justiça' (*est autem a justitia appellatum*). Com efeito, segundo a elegante frase do jurista Celso, o direito é a arte do bom e do eqüitativo (busca de uma pro-

porção justa) – *jus est ars boni et aequi*. Têm razão aqueles que nos chamam de sacerdotes da justiça: pois cultivamos a justiça, professamos o conhecimento do bom e da boa proporção, operando o discernimento do justo e do injusto. Nós, juristas, cultivamos a filosofia verdadeira, não seu simulacro verbal."[1]

Qual forma de justiça? Aqui certa imprecisão, entre o que Aristóteles denominava "justiça geral" e "justiça particular". A definição do jurista Celso, antes de precisar que o direito é a arte do *aequum* (igualdade proporcional), começava atribuindo-lhe o serviço do *bem* (*jus est ars boni et aequi*). No entanto, os juristas romanos compreenderam muito bem o conceito de justiça particular e, parece, no direito civil, optaram por essa segunda espécie.

2) *D*, I, I, 10 (extraído de outra obra didática de Ulpiano). "A justiça é uma vontade constante e duradoura" (essa parte do texto traz ainda uma coloração estóica) "de atribuir a cada qual o seu direito". *Jus suum cuique tribuere*. As três últimas palavras dessa definição são familiares aos moralistas e retóricos da Antiguidade. E decerto muitos a aplicavam à justiça geral, essa virtude social que tendia a que cada qual fosse posto em seu lugar certo e mantivesse seu papel próprio no todo. Mas, para os juristas, trata-se de atribuir a cada qual o seu *jus*: assim como o verificaremos, uma porção de bens ou ônus exteriores.

Mais tarde, os romanistas modernos falsificarão esse adágio, trocando *tribuere* pela palavra *reddere*; devolver ao próximo o que lhe é devido, como se se soubesse de ante-

---

1. ULPIANO, *Libro primo Institutionum*. "Juri operam daturum prius nosse opportet unde nomen juris descendat – est autem a justitia appellatum: nam, ut elaganter Celsus definit, jus est ars boni et aequi. Cujus merito quis nos sacerdotes appellet. Justitiam namque colimus et boni et aequi notitiam profitemur, aequum ab initio separantes licitum ab illicito discernantes... veram nisi fallor philosophiam, non simulatam affectantes."

mão a consistência da dívida. Não! O ofício do juiz é apenas *atribuir*, logo, determinar os respectivos *jura* de cada cidadão.

3) Em sentido contrário parece ressoar a passagem que segue, expondo os "preceitos do direito" (*praecepta juris*): "*Juris praecepta sunt haec: honeste vivere alterum nom laedere, suum cuique tribuere.*" A máxima "viver moralmente" é relativa à "justiça geral"[2].

Mas o romanista Félix Senn ensinou-nos a ler melhor esse texto; temos de levar em conta a técnica antiga da definição. Ela começa pela indicação do *gênero*, ao qual devem suceder as diferenças específicas. Deve-se guardar apenas o último termo; apenas ele determina, em última análise, a função da arte jurídica: *Suum jus cuique tribuere*.

O direito

4) Da justiça passa-se ao *direito* por intermédio do *justo*, objeto da virtude de justiça. A jurisprudência, diz ainda Ulpiano (no mesmo fragmento 10), é a ciência do justo e do injusto: *justi atque injusti scientia*. Ou do *aequum* (*íson* e *análogon*): "*Jus est ars boni et aequi.*" Essa frase também deveria ser lida, segundo Félix Senn, guardando o último termo (*aequum*) como específico do direito.

5) No mesmo Título 1.º do *Digesto*, nova definição do direito, extraída do jurista Paulo, e mais complexa: ela

---

2. D, I, I, 10, ULPIANO, *Libro primo regularum*. "*Justitia est constans et perpetua voluntas jus suum cuique tribuendi: 1) Juris praecepta sunt haec: honeste vivere, alterum non laedere, suum cuique tribuere; 2) Juris-prudentia est divinarum atque humanarum rerum notitia, justi atque injusti scientia.*"

enumera uma pluralidade de acepções. A palavra se estende de maneiras múltiplas como Aristóteles costumava dizê-lo do ser, ou da justiça e de uma grande quantidade de outros termos.

D, I, I, 11. "Diz-se *jus* de várias maneiras. Pode designar o que é justo '*aequum*' e bom universalmente: este é o *jus naturale*. Ou então o que, em alguma cidade, é 'útil' a todos ou a muitos: este é o direito civil..."

Eco da filosofia de Epicuro? Não creio que a intenção de Paulo seja *opor* o útil ao justo. Vejo nisso mais uma repetição da distinção (aristotélica) entre o justo natural e o justo positivo, ou convencional. O direito "natural" – *díkaion physikón* – segundo a *Ética nicomaquéia* é o justo em si, que pode ser reconhecido como tal universalmente, porque nada deve às nossas convenções. "Positiva" é a parte do justo (*díkaion nomikón*) que procede da opinião e da convenção dos homens, por isso ela varia conforme os regimes: nas cidades "democráticas" ela serve aos interesses de todos; nas oligarquias, a um pequeno número... As medidas do *jus civile* diferem de uma cidade para outra.

6) Se continuarmos a leitura do texto de Paulo, nele aprenderemos que também é qualificado de *jus* o "direito honorário" (*jus honorarium*) decretado por um magistrado, seja qual for o valor mostrado por suas decisões: "Diz-se que o pretor também ministra o direito, mesmo quando sua decisão não é conforme à *aequitas*: não porque o pretor se tenha conduzido assim, mas por causa do que normalmente convém ao pretor fazer. "*Praetor quoque jus reddere dicitur, etiam cum inique decernit, relatione scilicet facta non ad quod ita praetor fecit, sed ad illud quod praetorem facere convenit.*"

Afinal de contas, a linguagem romana distinguirá o direito (*jus*) e o justo (o *id quod justum est*). O latim dispõe de dois termos, quando o grego só tinha um (*tò díkaion*). O justo é a finalidade perseguida; o direito, o que se conseguiu descobrir e formular positivamente dele. Para Aristóteles, já era a vocação de *Díkaion* ser determinado com maior ou menor imperfeição (*supra*, pp. 51-2).

Cumpriria concluir disso que em Roma o direito tenha assumido forma de *leis*? Que os jurisconsultos romanos já estivessem conquistados pelo *positivismo* jurídico? Não gostaria de subestimar o papel das leis em Roma. Encontra-se em Tito Lívio a sentença que diz que a lei das XII Tábuas teria sido a "fonte de todo o direito romano público e privado". De fato, a lei determina a organização judiciária e o processo; de modo que, sem ela, independente dela, não poderia existir *jus civile*.

Em contrapartida, não se poderia sustentar que as sentenças sejam deduzidas das leis, que os fundadores da ciência jurídica romana tenham fechado o direito num sistema legislativo. As leis e o *direito* constituem esferas distintas (ainda que possam interferir). No *Digesto*, depois dos dois títulos referentes aos princípios do *jus*, vem um terceiro, separado, relativo às *leis*. Nele começa-se reproduzindo algumas definições do *nómos*, extraídas dos gregos, relativas à lei que rege a ordem e a moral da cidade. O *direito* possui uma função própria e órgãos autônomos. É, a título principal, um produto *jurisprudencial*.

Produção das regras de direito

7) *D, I, 2, 2, Pompônio*. "Assim é que em nossa cidade existem instituições fundamentadas na lei (chamadas, num primeiro sentido, de jurídicas). Mas o direito civil *no sentido próprio* consiste, na ausência de qualquer lei escrita, somente no que resulta do trabalho de interpreta-

ção dos jurisconsultos." (*Aut est proprium jus civile, quod sine scripto in sola prudentium interpretatione consistit.*)

A ausência de escrito (*sine scripto*) decerto não é, para o *jus civile*, senão uma espécie de hipótese histórica; etapa arcaica que Pompônio, no mesmo texto, descrevera anteriormente. O trabalho "de interpretação dos jurisprudentes" (aqui não poderia tratar-se de exegese das leis, mas de inteligência e de interpretação dos costumes) terá o efeito de produzir definições e *regras* gerais de direito, de conferir ao direito a forma do escrito.

Alcançaram esse resultado por um *método* original, sobre o qual nos são trazidas, nesses primeiros títulos do *Digesto*, algumas informações.

8) *D*, I, I, I, 10. "A jurisprudência pode ser definida no interior de um conhecimento das realidades divinas e humanas. A ciência do justo e do injusto (*Jurisprudentia est divinarum atque humanarum notitia justi atque injusti scientia*). Traduzi o texto levando em conta indicações de Félix Senn: A jurisprudência chega ao seu objetivo, cumpre sua tarefa *própria*: determinação do "justo" e do "injusto", recortando no interior do conhecimento geral das *coisas* um campo de estudo mais restrito. Ela constitui *um dos setores* da filosofia, ciência "das coisas divinas e humanas".

O ofício jurídico não é dedução operada a partir de leis imperativas. É trabalho de *conhecimento*. O próprio *Díkaion* é coisa que o jurista deverá descobrir mediante a *observação de exemplos* extraídos da realidade social, com maior freqüência "injustos" do que justos – que, em sua maioria, *se afastam* da justiça. Nesse ponto exerce-se o método da controvérsia dialética (*supra*, p. 52).

Assim formou-se o direito civil romano: pela discussão sobre as *causas*. A *causa* é a coisa, o caso litigioso (a relação social questionada) uma vez circunscrito, definido para servir de objeto à controvérsia judiciária. Yan Thomas acaba de mostrá-lo, a linguagem jurídica romana se elaborou pela nominação das "causas", distinguidas na profusão das *causas* judiciárias. Método casuístico, que continuou em uso no *Common law*. É curioso constatar que ele caiu de novo nas graças de nossos teóricos do direito.

A partir do estudo das coisas "justas e injustas", "discernindo o justo do injusto", a jurisprudência se eleva a conhecimentos gerais, consegue formular "definições", "regras", "sentenças" – opiniões de jurisconsultos. Determinações que não ocorrem, vimo-lo acima, sem certa arbitrariedade.

Se o direito (*jus*), em última análise, é "o justo" definido e *determinado*, ele vai tender a identificar-se momentaneamente ao conjunto das regras jurisprudenciais; a ele se acrescerão os mandamentos dos magistrados responsáveis pelo processo (no texto de Pompônio, o direito *honorário*). Mais tarde, as sentenças dos juristas da Corte Imperial – "rescritos" imperiais que formaram a maior parte das "constituições" – foram "igualadas" a leis, quer dizer, beneficiaram-se de uma autoridade análoga à das leis da cidade. E, já sob a República, alguns pontos dispersos que interessavam à ordem pública haviam sido objeto de regulamentação das assembléias legislativas.

Mas nada comparável aos Códigos dos Estados modernos; nem mais alheio ao positivismo do que o espírito jurídico romano.

9) *D*, 50, 17, 1 de Paulo. "A função da regra é descrever brevemente uma realidade. Assim, não é o direito que deve ser tirado da regra, mas, do direito que existe, deve ser tirada a regra." (*Regula est quae rem quae est breviter enarrat. Non ex regula jus sumatur sed ex jure quod est regula fiat.*)

Ainda que os autores do *Digesto* tenham posto essa máxima no lugar de honra (no início de seu último título: *De regulis juris*, que colige as regras principais do *jus civile*), pode ser que nem todos os juristas em Roma a tivessem aprovado. Ela vale para uma espécie de textos, *regulae juris*, produtos do trabalho científico dos jurisconsultos e destinados a um uso principalmente didático. Ignoraríamos que existe uma distância considerável entre o conteúdo de nossos manuais e o direito tal como é? Outros textos jurídicos romanos, que determinam certos pontos autoritariamente, querem ser obedecidos ao pé da letra e interpretados com uma lógica rigorosa...

E, no entanto, essas "regras", "sentenças", "definições" de jurisconsultos, elas formam a substância do *Digesto* e o essencial do legado de Roma aos direitos do Ocidente. Foi aí que se alimentaram os juristas europeus, e até os autores de nosso Código Civil.

As regras jurídicas não são o direito; descrevem o direito. O direito é algo que lhes preexiste (*jus quod est*), objeto de *pesquisa* permanente e de discussão dialética, com o qual jamais coincidirão nossas fórmulas.

Porque as regras descrevem o direito de modo sempre incompleto, seria errado atribuir-lhes uma *autoridade* absoluta.

10) "Toda definição jurídica é aleatória, presta-se a ser refutada" (*D*, 50, 17, 202). Periodicamente, deve-se pô-la outra vez à prova da discussão. Para além das regras, acima dos textos está a realidade do direito.

Eis, portanto, um direito que não cai de cima; não decorre de um soberano, de uma doutrina de teólogos ou de moralistas, nem se encerra dentro das leis. Procede de uma espécie de "ciência" – que Cícero havia comparado às artes da gramática e da música – dependente dos jurisconsultos.

Acabo de percorrer a Introdução geral ao direito do *Digesto*, que, para nossos ancestrais, era o ABC da educação jurídica. Nela nada encontrei que se parecesse com nossos "direitos humanos", com a idéia moderna subjetivista do direito de liberdade de um sujeito, ou mandamento de um poder. Mas quão mais rica, e tirada da observação realista das atividades judiciárias, a noção grega do direito *no que tange* a reconhecer e "determinar" na partilha das coisas entre cidadãos!

Reprovar-me-ão ter escolhido, arbitrariamente, entre os textos do *Corpus Juris Civilis*? Tirei dele uma coleção de princípios gerais, ainda não a definição em forma e completa do direito. Pois bem, completemos nossa pesquisa. E que nosso leitor se resigne, mais um capítulo sobre o direito romano!

6. O "direito subjetivo" e a ciência jurídica romana

Tendo o direito se fragmentado em pedaços diversos, o uso atual é distinguir do "direito objetivo", ou conjunto das leis positivas, o "direito subjetivo": termos bárbaros. O "direito subjetivo" (essa linguagem cheia à filosofia alemã) é um produto dos pandectistas.

Eles o criaram no início do século XIX e dissertaram sobre ele ao longo do tempo. Para Savigny ou para Windscheid, o direito subjetivo é *Willensmacht*, ou potência de agir concedida ao indivíduo. Outra definição, de Ihering: tratar-se-ia de um "interesse juridicamente protegido". Sempre "subjetivo", ligado a algum sujeito, a alguma pessoa individual, por extensão pessoa moral, ou os beneficiando.

Fr. Hohfeld, que se dedicou à análise da palavra *right*, equivalente em língua inglesa do direito subjetivo dos continentais, reconhece-lhe quatro sentidos possíveis: liberdade, poder, em particular de agir em juízo (*claim*), imunidade e, em todos esses casos, *legal advantage*. O "direito subjetivo" tem vida resistente; mantém ainda um largo espaço nas teorias gerais do direito. Os "direitos humanos" entram, com evidência, no gênero dos "direitos subjetivos".

Por isso adquiriu-se o hábito de expor a ciência jurídica romana em termos de direitos subjetivos: "direitos reais" (ditos *jura in re*) e pessoais (*in personam*) – direitos de propriedade, direitos de crédito. O direito de *propriedade* moderno – "poder de usar e abusar de uma coisa com arbitrariedade", protótipo do direito subjetivo – viu-se qualificado de conceito "romano da propriedade"; e a ciência alemã lhe opõe uma pretensa propriedade de tipo "germânica", que teria o estranho atributo de ser "comunitária", como se o comum não fosse o contrário do *próprio*...

Segundo a opinião dominante, embora a expressão "direito subjetivo" esteja ausente nos textos romanos, sua noção já teria sido inerente à palavra *jus*. Aliás, bem anterior a Roma, dizia-nos um dia G. Le Bras, não se poderia duvidar que fosse "tão velha quanto Adão e Eva" – uma categoria eterna do espírito humano, como todas essas formas da Razão ou do entendimento reconhecidas por Kant (e, nesse caso, trata-se mesmo de uma categoria kantiana).

No entanto, acabamos de encontrar, sob a pena de Paulo, no *Digesto*, uma lista dos sentidos da palavra *jus*. Há outros na Idade Média. Nunca se encontra mencionada, assim como no texto de Paulo, a acepção "direito subjetivo". Mas a grande maioria dos romanistas contemporâneos exclui que uma noção tão necessária, e tão bem fundamentada em razão, estivesse ausente da linguagem jurídica romana.

O manual de Gaius

Do *Corpus Juris Civilis*, até aqui deixei de lado a primeira parte, constituída pelas *Institutas*, que Justiniano quis transformar no principal manual de ensino elementar do direito civil. Foram também um veículo para a transmissão à Europa da cultura jurídica romana.

As *Institutas de Justiniano* perderam muito de sua importância por causa da redescoberta, pelo alemão Niebuhr, em 1816, da fonte principal delas: as *Institutas* de Gaius, redigidas no século II da era cristã. É possível que tenha existido um protótipo delas, de data mais antiga: em sua forma atual, a obra de Gaius trata ao mesmo tempo do *direito civil* (ou direito da cidade romana) e do *jus gentium* aplicável a todos os habitantes do Império; o texto primitivo teria contido apenas o puro sistema do *jus civile*, a grande invenção dos jurisconsultos do final da época republicana. De todo modo, o livro de Gaius é a única obra de direito clássico cujo conjunto se conservou; tornou-se o texto predileto dos especialistas do direito "clássico".

Tratar-se aqui de um manual não o torna indigno de interesse. Não será tão rico de soluções detalhadas como o é o *Digesto*. Pouco nos importa. Era ao uso dos professores e dos estudantes que deveria servir a *ars juris*, segundo Cícero. Em lugar algum temos a possibilidade de apreender melhor as definições gerais do que nas obras didáticas.

De fato, a obra de Gaius parece a realização do projeto que o texto ciceroniano esboçara. Cícero indicara o método a ser seguido: primeiramente, definir a finalidade da *ars juris civilis*, depois decompor essa definição num pequeno número de noções genéricas (*genera perpauca*) e subdividi-las, por sua vez, em gêneros e espécies (*generatim componere*). Assim ordenam-se as *Institutas*. Daí seu plano: três gêneros principais, aos quais correspondem três títulos: "Pessoas, coisas, ações." Plano simples, pouco original (certos tratados de gramática da época eram compostos sob rubricas análogas), talvez sugerido pelo próprio texto de Cícero, quando ele definia o campo em que se exerce a arte do direito civil... *in rebus causisque civium*. Pessoas, coisas e "causas" ou ações.

As *Institutas* não são formadas de um conjunto de "regras de conduta"; são uma tentativa de descrição da ordem social existente em Roma. Assim como se poderia descrever e analisar a estrutura de uma peça de teatro: com suas *pessoas*, ou papéis (*persona* significa a máscara, o papel do ator). Como não há comédia sem papéis diversos, Gaius subdivide as diversas espécies de pessoas: livres, escravos, libertos, adultos, crianças etc. Em seguida, as espécies de *coisas* que estão em disputa, enfim as *ações* que os atores exercem. O que é o direito senão uma proporção na partilha das *coisas* distribuídas entre *pessoas*, essa ordem que as *atividades* do homem justo tendem a servir?

A obra de Gaius pode ser comparada a uma quase sociologia, que difere da nossa por não ser neutra, por se esforçar pelo discernimento "do justo e do injusto", mas nas relações sociais. É violento o contraste com os tratados da Escola moderna de direito natural. Veremos mais tarde que o método dos construtores desses tratados será o de partir de uma definição do ser humano individual, da qual se deduziria o sistema de direito. Não há lugar nas *Institutas* para essa abstração, a "Pessoa" humana; não há direitos do "Homem"; um quadro das proporções entre *uns* homens.

Contudo, é nas *Institutas*, mais precisamente na segunda parte da obra, que a palavra *jus* parece portadora de significados novos, nos quais alguns autores acreditaram reconhecer a noção de direito subjetivo.

Dos direitos no plural

Deixemos agora o conceito geral de *direito*: "objeto da justiça", realidade justa, *id quod justum est*... A definição do conceito geral de direito, como o assinala Kant no início de sua *Rechtslehre*, só interessa aos filósofos. Gaius, que se dirige aos juristas, prefere falar-lhes *dos* direitos.

Passagem ao *plural*. É um traço característico do realismo da Antiguidade a preferência pelo plural. Os filósofos gregos costumaram partir da observação da realidade sensível, que lhes oferece primeiro o espetáculo da pluralidade das coisas. Elevam-se, mediante abstração, ao conceito unitário do gênero, sem perder de vista a diversidade das espécies. Aristóteles não escreveu uma obra sobre *a* moral, e não "*A ética*" ou "*Ética*" *nicomaquéia* – como a intitulam por inadvertência – mas *Éticas nicomaquéias*, estudo sobre *os* costumes, plurais. Estávamos errados ao deixar entender que ele só teria tratado do *díkaion* (do justo e do direito); usava também o plural: *tà díkaia*. Bem como os romanos.

Volto ao *Digesto*, livro I, título I: *De justitia et jure*. Acabamos de ressaltar nele umas definições da *justitia* e do *jus*. Mas, na verdade, nele já se fazia menção de *espécies* de direitos. Já no fragmento I, ao qual se encadeiam os textos seguintes, elas são classificadas sob três rubricas que se beneficiaram de um sucesso particular: *jus naturale, jus gentium* e *jus civile*. Em sua vontade de reduzir o real a idéias simples, os modernos falsearam o sentido desses termos.

A expressão "direito natural" (*jus naturale*) não significa, no *Digesto*, um conjunto coerente de regras, supostamente tiradas da razão subjetiva do homem e suscetíveis de formar um bloco unitário, mas designa um conjunto de *coisas*. Segundo a curiosa frase de Ulpiano (*D*, I, I, I), ele seria constituído de relações jurídicas entre todos os seres "animados", animais incluídos. Idéia que a doutrina moderna abandonou totalmente. "*Maris atque feminae conjunctio... liberorum procreatio, educatio...*" Já haveria entre os animais relações quase *jurídicas* entre o macho e a fêmea, ou dos passarinhos com os pais etc. Considerações teóricas que poderiam encontrar certa atualidade – junto aos especialistas da "sociologia animal" –, mas, para um jurista, desprovidas de interesse prático...

O *jus gentium* ocupava um lugar mais considerável na mente dos jurisconsultos da época imperial, que têm vocação de manter a ordem entre cidadãos procedentes de cidades diversas, por todo o Império. Como exemplos de *jus gentium*, são enumerados uns deveres de moralidade: piedade religiosa, obediência dos filhos aos pais (fragmento 2 de Pompônio), a *vindicatio* ou dever de repelir os agressores (fragmento 3), mas também "a guerra, as fronteiras estabelecidas entre reinos distintos, a escravidão, a alforria", e os contratos do comércio internacional, tais como "a venda e o aluguel" (fragmentos 4 e 5). Todas elas *instituições* agrupadas sob a rubrica do *jus gentium*.

Apenas nos interessa o *jus civile*, cuja *ars* os romanos fundaram. A diversidade das relações de direito civil, particular a cada cidade, é mais ampla ainda. Inumeráveis as instituições próprias da cidade romana. Gaius as denomina, no início de suas *Institutas* (I, 2), *jura populi romani*: direitos no plural do povo romano, indicando em seguida por quais fontes (leis, plebiscitos, constituições, sentenças dos jurisconsultos etc.) eles foram determinados.

Talvez tivéssemos avançado em nossa tentativa de definição da idéia "clássica" do direito redescobrindo sob o gênero comum ("Isso que é justo" em geral – *id quod justum est* –, toda relação justa) a pluralidade das espécies: *jura*. Dentro dos grupos, de maior ou menor vastidão – e trata-se de direito no sentido estrito, de grupos "políticos" –, pode-se descobrir uma profusão de figuras jurídicas particulares: as primeiras, aliás, que a jurisprudência note (*notitia rerum*), uma vez que ela trabalha com *casos*, antes de abstrair deles o conceito geral de direito. É normal que o mesmo termo designe o direito em geral – *id quod justum est* – e a profusão dos *jura* concretos.

Para terminar, lembro a definição do objeto da justiça: *"jus suum cuique tribuere"*, atribuir a cada qual o seu *jus* –, que a arte jurídica tem a tarefa de determinar. Mudança de sentido: a palavra já não evoca a *partilha*, mas a *parte* que compete a cada um em razão da partilha, o estatuto que disso resulta para esta ou aquela coisa: *jus fundi, jura praediorum*, situação de tal fundo de terra em particular.

O direito como coisa incorpórea

Quase no início do Livro II das *Institutas* de Gaius, é oferecida uma definição sugestiva do *jus*.

Essa parte da obra trata das coisas (*res*). As coisas (*res*) são aquilo que se disputa, as "causas" dos processos (*causae* = coisas, *supra*, p. 65), e trata-se de coisas privadas – *humani juris, privatae, Inst.*, II, II) – que cada qual pede que lhe sejam atribuídas pelo juiz ao termo do processo.

Mas houve várias maneiras de conceber as coisas do direito. A primeira, a mais arcaica (que, aliás, jamais será inteiramente abandonada), é imaginar que os objetos sobre os quais incide o processo seriam coisas materiais. Na antiga fórmula de reivindicação, o pleiteante exprime o objeto, ou a causa de sua ação, por estas palavras: este ou aquele "escravo", este "fundo" é meu: *Hunc hominem meum esse aio, Hunc fundum meum esse aio*. Um credor reclamará de seu devedor tantas moedas de prata: 10 mil sertércios (II, 17a). Um escravo, um fundo, moedas de prata constituem coisas "corpóreas". Persistirá a prática de tratar os objetos do direito pelas mesmas palavras que usamos em nossa linguagem comum. É a forma de falar mais natural; na prática, seria impossível libertar-se dela.

Mas a linguagem de Gaius é mais refinada. Ela constrói a maior parte de sua exposição do direito das coisas (*res*) a partir da distinção entre as coisas *"corpóreas e incorpóreas"*. Essa é mesmo uma prova da influência dos filósofos sobre a ciência jurídica romana: pois os filósofos gregos, sobretudo estóicos, haviam elaborado o conceito de coisa incorpórea; Cícero difundiu em Roma essa invenção nos *Tópicos*, para que a arte do direito dela se beneficie (*Tópicos*, V, 26): seria útil distinguir entre as coisas corpóreas, *quae cerni tangive possunt*, que podem ser vistas e tocadas, e as coisas incorpóreas, "que não se podem tocar".

Institutas de Gaius II, 12 e 2. – Nada prova que ele inove, mas Gaius compreende que essa descoberta é preciosa para a ciência do direito. Entre as coisas jurídicas sobre as quais incidem os litígios, há umas não-corpóreas (II, 14): a *hereditas* (o patrimônio que herdeiros disputam entre si), um usufruto, servidões (*jura praediorum*), obrigações. Essas coisas são *incorpóreas*. Claro, o patrimônio de um falecido contém coisas "corpóreas", uma casa, escravos, ouro. Mas a *hereditas* pode abranger créditos, dívidas, e o conjunto de uma *hereditas* não pode ser tocado nem visto. Uma viúva se beneficia do usufruto de uma casa, coisa corpórea; mas o usufruto da casa não é corpóreo. Encontraremos muitas outras espécies de coisas incorpóreas: decerto as *ações*, inclusive as ações reais. Há alguma diferença entre possuir um escravo, coisa corpórea, e ter somente uma ação que me permite agir em juízo na esperança de reivindicá-lo: essa esperança é incorpórea.

Vamos mais longe: todas as coisas disputadas em direito deveriam ser contadas como incorpóreas. Santo Tomás de Aquino o sugere a propósito da propriedade (*Suma Teológica*, IIa, IIae, questão, 66, art. 2). Suponham que o juiz me atribui a propriedade de uma terra, de uma quantidade de ouro. Que é que recebi? Será a terra ou o ouro? Não, respondo, porque essas coisas pertencem apenas a Deus; não está em minha posse mudar-lhes a "natureza", fazê-las diferentes do que são. Não recebi o poder de *usá-las* segundo meu arbítrio, sendo as coisas materiais destinadas por Deus a serviço de todos: o "uso" delas permanecerá comum. Foi-me somente atribuída a *gestão* da coisa, o prazer ou o encargo de governá-la: sou reconhecido responsável por ela (art. 2). Em Roma, a *proprietas* (que comparavam com o usufruto, situando-a no mesmo nível) é uma coisa incorpórea. Poder-se-ia dizê-lo de todas as "coisas" de que trata o direito.

O texto de Gaius destina às coisas incorpóreas este nome: *jura. Sunt quae in jure consistunt* (noutros manuscritos, *jure consistunt*). Os dois termos são sinônimos. Pois as coisas, ou "causas", dos juristas (o que o jurista percebe no ser, de seu ponto de vista específico) não são as coisas dos físicos – *res extensae*, dirá Descartes, pedaços de pura matéria sobre a qual poderia exercer-se a dominação de um Homem solitário. Mas competências, funções, papéis a serem mantidos na vida social intersubjetiva.

Inexistência do conceito de direito subjetivo

No entanto, os romanistas modernos acreditaram descobrir em Gaius a noção de "direito subjetivo".

Em particular, na passagem que trata dos *jura praediorum* (II, 14), servidões prediais, coisas incorpóreas, que o texto enumera. Existe um *jus altius tollendi*, um *jus eundi*.

Parece natural traduzir: faculdade deixada ao proprietário de uma casa de aumentar sua altura (*altius tollere*), ao lavrador de passar pelo campo de seu vizinho (*jus eundi*). Teríamos aí liberdades, ou vantagens proveitosas a um sujeito, "direitos subjetivos", expressos pelo termo *jura*. O usufruto se acha qualificado de *jus utendi*, que quereria dizer: liberdade de usar uma coisa de que outro é proprietário. Mesmas expressões no *Digesto*.

Alertamos num velho artigo contra essas traduções. Basta ler até o fim. Quando o texto de Gaius (reproduzido no *Digesto*, VII, 2, 2) fala do *jus altius tollendi*, ele continua na mesma frase: ... *aut non extollendi*. Eis, portanto, um *Jus* de *não* aumentar a altura de *sua casa* (para não tirar do vizinho a sua vista de uma bela paisagem)! Que me seja atribuída a vantagem ou a liberdade de não "aumentar a altura" de minha casa seria vazio de sentido: aqui me é atribuído um ônus, e uma restrição à minha liberdade.

A expressão *jus utendi* apresentada por Gaius para sinônimo de usufruto não significa a liberdade de usar uma coisa: em direito romano, o titular da plena propriedade não pode pretender dispor de um *jus utendi* (*D*, VII, 6, 5...). Quem, no entanto, teria liberdade de usar uma casa, senão seu pleno proprietário?

O que quer dizer *jus* nesses textos tomados como exemplos (e eu poderia ter citado grande quantidade de outros)? Sem hesitação, ele designa uma *coisa*. Gaius situou os *jura* em sua *pars rerum*; faz deles uma espécie de *res*: *objetos* que o juiz tem a tarefa de distribuir entre pessoas (ou que pode formar a matéria, a "causa do processo"). Até o usufruto ou a servidão são tratados como *coisas*, *substantivados*. Uma pobreza da língua francesa está em não dispor da forma do *infinitivo substantivado*. Mas em latim essa forma existe, e o infinitivo se declina (*utendi, non extollendi* etc.), adquirindo o valor de um objeto.

O *jus* das *Institutas* não é atributo adjacente ao sujeito, liberdade de agir (a liberdade não se partilha), mas a parte das coisas que cabe a cada pessoa dentro do grupo relativamente às outras.

Impossível também traduzi-lo pela palavra de Ihering, "interesse": fazer que um juiz atribua a você o estatuto que o impedirá de aumentar a altura de sua casa (*jus non extollendi aedes*) não é para você uma vantagem. Ser envolvido na rede de uma obrigação (*jus obligationis*), em todo caso para o devedor, não é benéfico. De uma *hereditas* (*jus successionis*) corre-se o risco de tirar passivo. Ter o *jus civitatis* comporta, infelizmente, a obrigação de prestar o serviço militar. Ser proprietário de um "fundo" é aceitar as servidões de que ele é onerado e pagar o imposto. A coisa implica deveres. A situação de cada um é tal no interior do grupo social que seu *jus*, a parte que lhe cabe, é comumente um complexo de vantagens e de inconvenientes, de bens e de ônus.

Essa ciência do direito não é concentrada no indivíduo. Não o considera isolado numa ilha. Herdeira da filosofia realista da Antiguidade, ela encara o indivíduo tal como é, situado dentro de um grupo ("o homem é animal político").

A linguagem de Gaius ignorava a noção moderna de direito subjetivo, que nasce de outra filosofia, e todas as classificações de nossos tratados de direito civil alicerçadas no conceito de direito subjetivo. Não há "direito real" em direito romano nem "direito pessoal", não há "direito de propriedade" nem "direito de crédito". E nele não encontramos "direitos humanos".

Mas admiraremos, pela multiplicidade dos sentidos que a palavra *jus* reveste em Roma, a perfeita *continuidade* deles. De uma extremidade à outra da corrente – ou seja, do mais geral à acepção mais concreta –, o *jus* é *res justa*, "o objeto da justiça", relação com os outros, com quem nos comunicamos por intermédio da partilha das coisas exteriores.

Chegou o momento de concluir a primeira parte de nossa obra relativa ao direito. Nela descrevemos a idéia do direito que os juristas romanos pensaram, e que foi de Roma transmitida à Europa. A pesquisa assumiu proporções de que o autor se desculpa. Estou consciente de que pode ser-lhe dirigida uma dupla reprovação:

1) Deixemos de lado a primeira. Do ponto de vista da história científica, essa história permanece incompleta. Não pretende explicar resultados da erudição científica contemporânea. Dos textos romanos ou filosóficos gregos, conservei textos *óbvios*, postos em evidência já no início do *Corpus Juris Civilis*; um profano os descobriria à primeira olhada. Os mais aptos a nos esclarecer sobre os princípios da arte clássica do *jus civile*. Escolhi deliberadamente os textos representativos dessa arte clássica, sem me preocupar com transformações por que ela pôde passar no uso "vulgar". Expliquei-me sobre a oportunidade de uma *escolha* (*supra*, cap. 3).

2) Mas há a objeção principal. Entre a República Romana e os nossos Estados do século XX, muita água rolou, ocorreram transformações, mudanças "socioeconômicas". Não teríamos o que fazer com a linguagem jurídica romana, nem com as análises de Aristóteles sobre a "justiça particular". Será que a justiça poderia ser a mesma no século em que se sabe construir o Concorde, a bomba atômica e o computador? Entre tantas curiosidades arqueológicas, não será gratuito escolher essa velha definição do direito, em nome de seu pretenso "valor"?

7. Sobre a inexistência dos direitos humanos na Antiguidade

Sim, a idéia de que poderíamos voltar à linguagem da Antiguidade é um paradoxo. Esse devaneio não passará pela cabeça de nenhum jurista do século XX, ainda que romanista. Porque a história gira: mais cidades, mais Estados comandados por grandes máquinas administrativas – sem contar a Organização das Nações Unidas. Mais corporação de jurisconsultos, mas de sistemas legislativos. Uma enorme máquina administrativa, a tecnocracia das grandes empresas. A Europa se *racionalizou*. Não será um progresso? Quão raros são os que ousam sacudir essas filosofias do progresso, nascidas no começo da época moderna, triunfantes no Século das Luzes, sistematizadas por Hegel e Marx, renovadas por Renan, que a história científica pretende verificar e mesmo a ciência biológica da evolução. O progresso sai do amadurecimento da mente humana, do acúmulo dos conhecimentos positivos, do avanço das ciências, do desenvolvimento das técnicas de produção.

Ou talvez lhe atribuíssemos causas religiosas? Um fato teria constituído o fator decisivo da deslumbrante superioridade de nossas instituições modernas sobre as da Antiguidade: o advento do cristianismo. O cristianismo libertou os indivíduos, trouxe o senso da liberdade, da igualdade e da fraternidade de todos.

Se nem todos leram Hegel, ninguém ignora sua tríade: sendo a História a do desabrochar da vontade livre, no primeiro momento, que é o dos antigos impérios orientais, *um só* era livre: o Déspota. Na Grécia e em Roma, *alguns* (o todo ou parte dos cidadãos, com exclusão dos escravos). Na fase derradeira, suscitada pelo cristianismo, "todos os homens são livres". É o fundamento da nossa democracia. Todavia, em Hegel, a história continua: as liberdades individuais vêm unir-se na onipotência do Estado moderno, que se parece bastante com as cidades antigas.

Como todas as grandes teorias da história moderna, esta é sujeita à caução. Tentaremos defender, ao contrário, a Doutrina social da Antiguidade clássica. Ela oferece, sobre as nossas, a vantagem de distinguir exatamente estas três disciplinas: antropologia, moral, direito, e de situar cada uma delas em seu lugar, em vez de confundi-las.

Antropologia

Seria gratuito imputar à filosofia clássica uma pretensa ignorância daquilo a que vocês chamam "dignidade humana".

O esmagamento do Homem sob as técnicas e as máquinas, pelo que eu saiba, não nos veio de Atenas nem de Roma. O racismo, cuja experiência fizemos em pleno século XX, é efeito do positivismo, ou do cientificismo dos modernos: eco dos trabalhos científicos dos biólogos, etnólogos e sociólogos. Suas raízes não são gregas. E, quanto a esse neo-racismo adotado na França pela Nova Direita, ele se louva num pensamento diametralmente oposto ao da filosofia clássica: no nominalismo que conheceu seu grande desenvolvimento no início da época moderna. O nominalismo negara a existência do "Homem". E é uma tese muito difundida no século XX a negação da natureza do homem; em torno de Sartre, entre um grande número de intelectuais. Nem todos chegaram a conduzi-la a suas conseqüências extremas. Mas queriam que, entre os homens, apenas fosse comum a "liberdade". Do exercício de nossas liberdades nasceriam, acrescentando-se às que os geneticistas já reconheceram, crescentes desigualdades que a Nova Direita contempla enlevada.

Tirar-se-á da tradição filosófica da Antiguidade uma idéia mais substancial da natureza humana. Sem ainda ter posse da mesma teoria que os modernos têm da "liberdade" (e veremos, a esse respeito, a linguagem deles diferir da nossa), os pensadores gregos tinham o costume de postular uma ordem no mundo, de nele reconhecer uma hierarquia de gêneros e de espécies, em que o homem prevalece em dignidade na medida em que é o único provido do *lógos*, o único capaz de se conduzir em virtude de uma escolha refletida; e isto supera o sentido sartriano da palavra "liberdade".

Insistiremos na teoria de Aristóteles. Porque ele ignorava o termo "direitos humanos", um lugar-comum é acusá-lo de sexismo, de racismo. Contudo, em sua obra enciclopédica, encontramos uma *antropologia*; não essa ciência contemporânea, a antropologia comparada, a análise das diversidades; mas a descrição do que se observa de comum em todo *Ánthropos*; da alma humana, das relações entre inteligência, vontade, apetites sensuais; do discurso humano; de tudo o que serve para distinguir o homem dos outros animais e o classifica, na escala dos seres naturais do mundo "sublunar", no primeiro lugar. Pois o homem se nos mostra dotado da faculdade de escolher alguns de seus atos de acordo com as luzes que sua Razão própria projeta sobre o mundo; uma liberdade de se conduzir racionalmente. Quão preferível, afinal de contas, a essa liberdade de agir gratuitamente que lhe atribui Jean-Paul Sartre.

E o *Ánthropos* é, que eu saiba, tanto as *mulheres* como os homens. Conforme às concepções da genética de seu tempo, Aristóteles tratou a mulher como macho incompleto, *mas imperfectus* (sendo o esperma do homem tido como o único fator da fecundação e devendo, em princípio, gerar um macho, a mulher parece ser uma falha da natureza). Ele observou que na economia, na guerra e na política gregas a mulher só mantém funções aparentemente subordinadas. Isso não impede que a alma da mulher, sua inteligência e sua vontade, e sua aptidão para "deliberar" sejam idênticas às do varão.

Da escravidão (I)

Mas e sua doutrina da escravidão? Em sua *Política*, Aristóteles declara "natural" que existam senhores e servidores, *doûloi*, *servi*. Isso lhe parece necessário à economia (na Antiguidade, as "lançadeiras não funcionam sozinhas"). É *bom* ao mesmo tempo para os senhores e os servidores: ele ousa achar "natural" que os menos inteligentes sejam dirigidos pelos mais aptos.

Last but not least, reconhece um vínculo entre essa distinção dos homens livres e dos servidores e as diferenças climáticas, que seriam a causa principal da diversidade das *raças*! Como se hoje, na Europa, para a terraplanagem ou a alvenaria, recorrêssemos a trabalhadores africanos! Afeta professar a superioridade dos gregos sobre os povos bárbaros. Alexandre se dissociará nesse ponto de seu mestre.

Mas, recolocado em sua época, esse texto de Aristóteles não constitui uma apologia do escravagismo. Visava, antes, destruir a argumentação em que encontrava então um fundamento para a escravidão: a guerra, a conquista, o dinheiro. Aristóteles quer uma escravidão que seja do interesse comum do senhor e de seu servidor. Salienta que não se manda num escravo como num animal. E seu sentimento não é de que um escravo seja um ser privado de "personalidade", assim como os modernos acreditaram poder defini-lo.

O escravo é uma pessoa humana, ser racional, deliberante, por sua vez digno de mandar nos seres inferiores. Existe uma enorme diferença entre o *doûlos* (servidor), de que fala Aristóteles, e os escravos de nossos *gulags*.

Antropologia universalista. Afirmação da existência de uma natureza humana comum: precisamente esse grande princípio sobre o qual os nominalistas e positivistas modernos patentearam seu ceticismo.

Assim como Sócrates e Platão – *a fortiori* os *estóicos* que, vindos depois de Alexandre, professam o cosmopolitismo. Para eles, todo homem é cidadão da Cidade universal. Ousaram (em preceitos passados ao *Corpus Juris Civilis*) tratar a escravidão como antinatural; e professar que todos os homens tivessem sido naturalmente "livres". É uma metáfora, pois a palavra latina *liber* designa em Roma – como o grego *eleútheros* –, no sentido próprio, uma condição jurídica particular, não uma noção metafísica (*D*, I, 5, 4). Embora concedam que a escravidão tenha historicamente se estabelecido, acompanhada da alforria, em virtude do *jus gentium* (*D*, I, I, 4), o escravo não deixa de ser homem. Epicteto não se considera menos homem que seu senhor; quase não protesta contra sua condição de escravo, assim como São Paulo não pediu a abolição da escravidão.

Uma idéia constante no estoicismo é a essência divina do homem. O homem é composto de uma parcela do *lógos* ou do fogo divino. Pode-se ler em Cícero que o homem "se assemelha a Deus". *Est igitur homini cum Deo similitudo* (*De legibus*, I, 8). Isso vale para o escravo. Algo deve ser suprimido da imagem comumente aceita sobre o "escravagismo" da Antiguidade.

Essas definições de Aristóteles ou dos estóicos não seriam apenas teoria, desprovidas de conseqüências práticas?

Moral

A maneira dos gregos não era praticar a filosofia como fazem muitos especialistas ou professores de filosofia do século XX, sem que do conhecimento teórico saia algum efeito; a filosofia para eles foi amor à *sabedoria*. Quanto aos romanos, a maior parte deles cultiva o tema da destinação prática da filosofia. Citamos, p. 61, o primeiro fragmento do *Digesto*: nele Ulpiano se gaba de praticar uma filosofia ativa: *veram... non simulatam philosophiam*.

À antropologia clássica universalista corresponde uma *moral universalista*:

1) Cujas *fontes* são universais: a lei "não-escrita", intimada por Zeus, segundo Antígona. Esses versos de Sófocles não tratam de direito (*díkaion*) – trata-se aqui de moral –, ainda menos de "direito natural". Os discursos gregos referiam-se a ela, encontrando ocasião de alegar uma lei comum (*nómos koinós*), universal (*Retórica* de Aristóteles, I, 15, 4 ss.). Cícero a transmite a Roma. Conhece-se a passagem de *A República* (III 22) citada pelos Padres latinos da Igreja.

Est quidem vera lex, recta ratio, naturae congruens, diffusa in omnes. Existe uma lei verdadeira, a razão reta, natural, difundida em todos – a mesma em Atenas e a mesma em Roma etc.

Essa lei é *moral*; ela dita aos homens deveres, proíbe más ações: *quae vocet ad officium jubendo, vetando a fraude deterreat*. Assim como em São Paulo, a "lei natural inscrita por Deus no coração de todos". Não se trata de regulamentar problemas de direito.

2) Moral que implica deveres para com *todos* os homens: a família, os concidadãos, todo indivíduo. A *Ilíada* e a *Odisséia* formigam de *modelos* de hospitalidade, de respeito a pobres, suplicantes, velhos, estrangeiros – e de reprovação dos vícios contrários.

Não creio que falte essa moral universalista em nenhum dos grandes clássicos. Na Grécia existia uma *moral internacional* (não *direito* internacional), sem a qual não teria ocorrido o milagre grego.

O sentimento de que todos os homens se unem no seio de uma mesma cidade "cosmopolítica" desabrocha nos fundadores da escola estóica e no estoicismo médio, difundido em Roma, onde se praticava uma mescla das filosofias estóicas com as de Platão, de Aristóteles e de outros.

O respeito à pessoa humana, não na letra, mas quanto ao mérito, não foi invenção de Kant, nem sequer uma invenção cristã. Não há virtude mais exaltada em Roma que a *humanitas*, que é a um só tempo o dever de perfazer em si a natureza humana e o de respeitá-la nos outros. São mandadas a doçura, a *benignitas*; por Cícero, a *caritas*; pré-constituídas na linguagem da filosofia pagã as palavras cristãs "caridade" (*caritas*), "fé" (*fides*) e "misericórdia". O século XX se vangloria de ter inventado uns "direitos humanos" para os exilados políticos, os deficientes, os velhos (ou idosos); eles estavam previstos nos catálogos da moral antiga dos *deveres* em proveito de todas essas categorias sociais.

Dirão que é pouco. Que importa a moral? Empanturrados de ciência, preferimos a psicologia, a sociologia, que teriam a vantagem de tratar de realidades efetivas. Será que ainda vale a pena hoje ler tratados de moral?

Kant nos subjuga: interior, ditada de Razão, feita de regras inconsistentes ("o Imperativo categórico"), pura de qualquer coerção vinda do exterior, sua moral é desencarnada. Para um Aristóteles, a moral não é só "ideal". As virtudes são realidade: a prova disso é que ele as observa na vida social, realizadas, se bem que de modo sempre imperfeito, presentes nos costumes (*Ethiká*); os "bons costumes"– *boni mores* – do povo romano.

A moral clássica se opõe ao idealismo kantiano pelo menos por dois traços:

1) Assim como germanicamente se expressa Max Scheler, ela é "material", e não reduzida ao vão "formalismo" do "imperativo categórico".

A moral antiga era constituída de uma profusão de *deveres concretos* (*De Officiis*), adaptados a cada situação, ao lugar que cada qual ocupa no grupo, e, em cada cidade, de prescrições *precisas*.

Decerto começa-se por estabelecer a existência de uma lei não escrita (*supra*, p. 86). Antígona a encontra em si mesma, percebendo-a, diz Aristóteles, por uma espécie de "adivinhação" (*Retórica*, I, 13). Mas, porque essa lei não-escrita nada mais é senão a ordem do *cosmos*, objetivo, oculto nas coisas, existe uma ciência, ou melhor, uma quase-ciência – que usa um método "dialético"– para tentar decifrá-la, não sem o grau de arbitrariedade que se prende a todos os produtos da pesquisa dialética; de pô-la preto no branco. A moral adquire forma de leis escritas.

Supunha-se que as leis públicas das cidades eram obra dos sábios e procediam mais de um conhecimento (da prudência que é conhecimento das realidades contingentes) que de uma vontade subjetiva. Leis, instrumentos da *moral*: conjunto de regras de conduta. Decerto elas têm outras funções: determinar a estrutura de cada cidade, as divisões das classes sociais, as magistraturas, a ordem judiciária. Mas têm como papel principal regrar imperativamente as condutas dos cidadãos. E não o *direito* deles, ponto que merece nossa atenção!

Nesses projetos de legislação de que Platão na Grécia, Cícero em Roma oferecem modelos – onde se encontram tantas páginas sobre a educação, a religião, os casamentos, a moral sexual, os ritos fúnebres –, não vejo que sejam abordadas as questões de direito no sentido próprio da palavra. Tratam dos costumes, sendo primordial a importância dos costumes. Se, como o demonstra Platão na *República*, a educação é negligenciada – quando se rouba e quando se mente –, a doença do corpo social é irremediável. A arte de distribuir os bens e ônus de todos será apenas uma força suplementar, o ofício dos juristas, secundário. Mas, independentemente do direito, o sistema das *leis* antigas cumpre esta função necessária: prover a moral de um conteúdo preciso.

2) Rejeitaremos a idéia kantiana de uma moral puramente "autônoma", que não poderia encontrar apoio em alguma coerção exterior, senão perderia seu título de moralidade.

A moral clássica é tirada não da consciência subjetiva, mas da ordem do *cosmos*, que os legisladores procuram ler. Ela sai de uma busca coletiva – como a quase totalidade de nossos conhecimentos – desse mundo transcendente ao indivíduo. Nada lhe proíbe, portanto, *impor-se* ao indivíduo.

Múltiplos são os meios de pressão ou, para usarmos a linguagem dos sociólogos contemporâneos, os instrumentos de "controle social". O primeiro é a *educação*. Ninguém tinha mais consciência disso que Platão, Aristóteles. Traduzindo um pensamento comum, eles a tornaram um dos temas capitais de seus tratados das *Leis*. Depois as forças que são o elogio, a *reprovação*. A psicologia coletiva, a psicanálise ressaltaram de novo a evidência de que ninguém nunca é insensível ao juízo alheio, e quanto esse fator contribui para constituir nossa consciência. Na lista dos bens em Roma, sempre é posta em bom lugar a reputação, a *fama*, e um dos ofícios do *censor* é marcar cidadãos com a nota de *infâmia*.

Derradeiro procedimento de pressão ou de repressão: as recompensas e as penas. As leis não se contentam em indicar as condutas boas ou más, em manda-lás ou proibi-las, mas têm o papel de "punir", algumas vezes de recompensar. Existem leis punitivas. Nem por isso a lei sai da esfera da moral. E a pena é analisada de preferência, nesses autores, como um meio de educação. Voltamos à obsessão da educação.

Então a moral torna-se eficaz: encarnada nos *costumes* dos povos. Os deveres de liberalidade que essa moral impõe aos ricos não eram fórmulas ocas: as famílias ricas de Atenas e de Roma cumpriam suas "liturgias", ofereciam pão e espetáculos – *panem et circenses* – e nutriam seus clientes e seus libertos. Enquanto nosso mundo as destruiu, recobertas pela enxurrada das tristes reivindicações por todos os sujeitos de seus "direitos", essa moral deixava um campo livre para o desabrochar dessas virtudes indefinidas, a magnificência, a largueza, o reconhecimento, esferas de gratuidade e de liberdade. Elas não ficavam letra morta...

Um testemunho de Platão: no começo de um de seus diálogos, "*Eutífron* ou da Santidade", Eutífron anuncia a Sócrates (4, *a*) que quer mover um processo, insólito, contra o pai. O pai de Eutífron acaba de deixar um servidor morrer de fome no fundo de um cárcere. Pouco importa, na circunstância, a qualidade da vítima – "Que absurdo seria pensar que haja diferença a esse respeito entre um parente e um estranho!" (4, *b*).

Talvez vocês esperassem que, nessa instância, fosse alegado o "direito" do servidor "à vida" e ao respeito de sua pessoa? Os direitos humanos? A queixa de Eutífron se fundamenta apenas neste motivo: a "mácula", que exige "purificação", que resultaria da conduta "ímpia" do pai. Nesse ponto, Eutífron age perante o Arconte rei, reclama-lhe a *justiça*. Mas qual justiça? Não é a justiça particular, da qual deriva o conceito de direito. No texto ele não falou de "direito" (*tò díkaion*), dos "direitos" de alguém. Trata-se aqui da justiça que Aristóteles denominava "geral", de uma Lei (5*a*), evidentemente moral, porém *sancionada* perante o Arconte rei, não desprovida de eficácia.

Da escravidão (II)

Derradeiro exemplo: a escravidão, em que nossas habituais filosofias da história progressistas vêem a marca da inferioridade das civilizações antigas. De fato, a escravidão foi um grande defeito. Mas arriscamo-nos a fazer uma imagem falsa dela, por duas razões: a esse respeito, quase só exploramos a literatura jurídica e, por outro lado, nós a interpretamos mal.

O que parece dizer o *Corpus Juris Civilis*? Que o escravo não tem *direito*. Isso é verdade, mas o escravo não é em absoluto o único nessa condição. Ela é a dos filhos de família enquanto o pai ainda está vivo; em certos casos, da mulher casada, de todos os *alieni juris* (que na família *participam* do direito do *pater familias*). A ordem interna depende, em princípio, da "economia".

Depois, a escandalosa expressão de que a escravidão é coisa (*res*)! Não é escandalosa: a palavra *res* não tinha em Roma o sentido que ela deveria receber no uso moderno, sob a dominação da ontologia dualista herdada de Descartes, de coisa puramente material (*supra*, cap. 6). A linguagem romana não opera essa oposição radical que a *Doutrina do direito* de Kant, a *Rechtsphilosophie* de Hegel fazem entre coisa e sujeito humano. A *res* é o objeto do litígio, aquilo sobre o que se discute, a *causa*: existem em Roma processos sobre a posse de um escravo assim como pode haver referente à guarda de uma criança.

Não é prestigiado em Roma que os escravos nela *sejam vendidos*, e segundo as mesmas formas (a *mancipatio*) com as quais se vende o gado, uma "mercadoria"... Entretanto, a frase tão vilipendiada, que "o trabalho é uma mercadoria", que se faz comércio do trabalho, que trabalhadores são transportados à sua revelia de um lugar para outro, e de uma empresa para outra, é dificilmente evitável na análise econômica e na linguagem técnica do direito. Longe de mim justificar o comércio dos escravos tal como se praticava em Roma! No entanto, não se deve atribuir aos textos jurídicos romanos mais do que significam.

Esses textos não concediam aos senhores a *permissão* de vender seus escravos nem de matá-los quando bem entendessem. Corre a lenda de que os senhores romanos dispunham, sobre seus escravos, de um *jus vitae necisque*. Esse termo não está em nenhum texto jurídico romano, e neles não receberia nenhum sentido. Assim como não existe *jus vendendi*. O papel do juiz é operar uma repartição dos escravos entre pleiteantes, é dizer: tal escravo *está* em tal família, e não em outra. Ele não diz *nada* da maneira pela qual o senhor deve tratar o escravo.

Fora do direito, cujo papel não é esse, existe uma moral familiar, parte integrante da "economia", que é a negação do poder arbitrário do senhor. O *dominium* que o senhor exerce (essa palavra evoca etimologicamente o estatuto do pai da *domus*, "*qui in domo dominium habet*", D, 50, 16, 195, 2) não é a faculdade de "gozar e dispor das coisas do modo mais absoluto" (C. Civil, art. 544), mas o "governo" (função do piloto que segura o leme) do patrimônio familiar, e a moral quer que seja exercido para o bem comum. Não mais que Aristóteles, os "bons costumes" romanos não admitem que o escravo seja tratado à maneira do gado. É freqüente que o *censor* marque um cidadão com a nota de infâmia, por ter vendido cruelmente um velho servidor... Quando, mais tarde, precipitou-se a decadência dos "costumes" romanos, uma série de *leis* imperativas *puniram* as condutas desumanas para com os escravos.

Os imperadores cristãos se esforçaram em facilitar a alforria, havia muito incluída entre os deveres (*officia*). Aristóteles alforriara em bom número de seus escravos. Na Idade Média se imporia aos senhores a moral de deixar ao escravo (ao "servo", do latim *servus*) o descanso dominical, de não o separar da mulher, dos filhos nem de sua terra...

As condições servis em Roma, extremamente diversas, foram em média muito negras. As "lançadeiras" dos teares não tinham então a vantagem de funcionar "sozinhas". Não negarei que a invenção das máquinas tenha acabado por melhorar a condição dos trabalhadores e que a abolição da servidão, que se operaria na Europa entre o século XIII e o XIX, tenha sido um progresso: ainda que o fado dos escravos romanos nada tivesse para invejar do de nossos escravos do século XX, que povoam os campos de concentração, a Sibéria, o Camboja, a China etc. Mas este não é nosso propósito. A realidade efetiva nunca é conforme à norma, hoje não mais que na Antiguidade. O propósito deste livro é procurar qual espécie de norma é apropriada à proteção da universalidade dos homens.

Os "direitos humanos" nos pareceram ilusórios e impraticáveis. Procurávamos um *substituto* para eles. Talvez já existisse na Antiguidade: um sistema dos deveres *morais*, uma moral universalista – com a condição de que a moral seja levada a sério, não confinada à esfera de um puro ideal e não desprovida de eficácia.

Direito

Na fronteira entre o direito e a moral

Disse que a palavra *jus* é polissêmica; seu sentido tende a modificar-se sob o regime imperial: é onerado de incerteza. O termo "justiça" (*dikaiosýne*, *supra*, cap. 4), dizia Aristóteles, é naturalmente equívoco, pode significar não só a justiça "particular", justiça no sentido estrito, mas a "justiça geral", que é a soma de todas as virtudes, o serviço da ordem total, da harmonia universal, e a observância de todas as leis morais ("justiça legal").

Esse significado confuso do termo grego *dikaiosýne* ou do latim *justitia* não deixou de influenciar *jus* (*supra*, cap. 5), que evocava então a ordem do mundo de toda a humanidade. Como quando os juristas romanos falam do *jus naturale*. Usam raramente essa expressão, que parece embaraçá-los. Ela designa, segundo o *Digesto* (I, 1, 1), essas poucas instituições comuns a todos os seres animados, animais inclusive – não se poderia extrair dela "direitos humanos". Mas, para outros juristas romanos, ela pôde evocar os direitos da moral universal.

De maior interesse prático é o *jus gentium*. Uma vez constituído o Império, os romanos se atribuíram a missão de instituir em toda parte dele uma ordem judiciária. Foi um trabalho que realizaram de formas diversas, por isso o conceito de *jus gentium* é muito incerto. No título I do *Digesto* (I, 1, 1, 4), ele é definido como direito comum às nações humanas (*quo gentes humanae utuntur*). Gaius, no início de suas *Institutas* (*Inst.*, I, I; *D*, I, I, 9), afirma a existência de um direito que vale igualmente para todos os povos civilizados (*apud omnes populos peraeque custoditur*), de um direito comum de todos *os homens* (*communi omnium hominum jure utuntur*). Não vamos traduzir "direitos humanos". Esse direito que os povos *usam*, ou que guardam (*custoditur*), não é "subjetivo".

Do que ele se compõe? Segundo o *Digesto*, de instituições universalmente difundidas (a escravidão, a alforria, as vendas, as compras, as obrigações, o comércio internacional etc. *D*, I, I, 4 e 5). No texto anterior, das virtudes ou dos deveres de moralidade: a devoção para com os deuses, a obediência aos pais e à pátria, ou o dever de se defender contra as violências ou injúrias alheias: *vindicatio* (*D*, I, I, 2: *veluti erga deum religio, ut parentibus et patriae pareamus*; *D*, I, I, 3: *ut vim atque injuriam propulsemus* etc.). Poderiam estar aqui as *leis* da moral universal. Ao conquistar seu Império, Roma herdou a *moral* internacional que regera o mundo grego. Moral feita de leis, em maior ou menor número escritas, formuladas mormente por sábios ou filósofos, que prescreviam o respeito da boa-fé (*fides*) nas relações comerciais; e da *humanitas*, da *pietas*, da *benignitas*...

Jus naturale, jus gentium. Essas expressões são pouco freqüentes nos jurisconsultos romanos. Mas encontravam lugar no título I do *Digesto*, introdução geral ao estudo do Direito, muito comentada nas escolas. Os autores da Escola de Direito Natural as empregarão para justificar a assimilação do direito e das leis, e a confusão que introduziram entre o direito e a moral para alicerçar a construção de um "direito internacional", mais ambiciosamente, de um sistema jurídico completo, pretensamente "universal": *jus universum*. Fizeram mais ainda: simularam algumas vezes deduzir desses raros fragmentos do *Corpus Civilis*, interpretados de maneira altamente fantasista, a figura dos "direitos humanos". Falsificação manifesta. E, agora, deixaremos de lado o "direito natural", o "direito das gentes".

Inexistência dos direitos humanos no direito civil

A autêntica invenção romana foi o direito *civil*. Foi somente o *jus civile*, cuja constituição foi descrita por Cícero, sob forma de *ars* e com a ajuda de uma filosofia realista oriunda da Grécia. O *jus civile* forma o núcleo do plano romano das *Institutas*, a Europa recebeu o direito romano no *Corpus Juris Civilis*. Foi do direito civil que os romanos analisaram os fins específicos, a esfera de aplicação precisa (concerne à partilha dos bens no grupo político), cuja linguagem estruturaram. Os direitos humanos nele não encontram lugar nenhum; falar de um direito humano seria contraditório, incompatível com a idéia de direito que resultava das leituras que acabamos de fazer da *Ética* de Aristóteles, de Cícero e do *Corpus Juris Civilis*.

Recapitulemos:

1) Ausência de direito subjetivo

... De direito-liberdade, permissão de agir, não tendo a justiça como função ordenar nem permitir comportamentos. Não é missão do juiz, nem dos juristas, ensinar ao proprietário o modo de tratar seu escravo ou seu patrimônio familiar; dar-lhe permissão ou proibição. (Encontram-se em Roma *interditos*, e mandados do pretor ou de outros magistrados; eles não dependem da *jurisdictio*.) O direito é uma ciência voltada para as coisas, busca de um "meio" na partilha entre cidadãos. Das "coisas exteriores" – inclusive as "incorpóreas": ônus, honras, obrigações...

Entre as coisas partilhadas, estão também as *penas*: em particular no sistema dos delitos privados, em que a pena é interpretada como compensação e satisfação devidas à vítima de um roubo, de uma injúria, de um dano injusto. Dá-se o mesmo quando intervém uma lei pública para sancionar uma falta moral com uma punição: recorre-se ao juiz; aqui o direito exerce uma função mal explicitada nos textos, pois não existia em Roma teoria do *direito* penal. Que eu saiba não se encontra em Roma a expressão *jus poenale*. A construção do direito penal será obra dos juristas modernos. Entretanto, os juristas romanos se ocupavam de "causas penais", mas a que título? Em boa análise, não é o juiz que pune; ele não tem sua iniciativa nem procede à sua execução. Seu papel parece ser operar a *mensuração* das penas, zelar por que em sua partilha seja preservada a proporção, que as penas sejam distribuídas eqüitativamente.

O "direito" que o juiz atribui a cada jurisdicionado, uma vez efetuada sua mensuração – termo, resultado dos esforços da jurisprudência –, é sempre uma espécie de cociente, o produto de uma quase *divisão* das coisas: as coisas "exteriores" são objeto de partilhas e, sobre essas partilhas, de processos. Diante do juiz há sempre uma pluralidade de pleiteantes; jamais um homem só, um sujeito único. Estaria na hora de desvencilhar-se da noção do *sujeito de direito*. É legítimo falar de sujeitos em moral, se a moral tem por objeto comportamentos; os atos que a moral ordena ou que proíbe realizar têm efetivamente "sujeitos". O direito não conhece sujeito, somente adjudicatários.

Ou, seguindo a definição que lhe dava Ihering, seguido por Hohfeld (*supra*, p. 69), faremos do direito "a vantagem" de um indivíduo? Tais são os direitos humanos substanciais das Declarações: a vida, a saúde, o trabalho; ou então a coisa material cuja fruição impartilhada nosso Código Civil confere ao proprietário. Acabamos de constatar em Gaius que o *jus* que me é atribuído pode constituir para mim um ônus, um passivo tanto quanto um ativo, e o mais das vezes um misto de ambos. Assim são as coisas, concretamente. A *obrigação* é uma relação sinalagmática que implica para cada parceiro a um só tempo créditos e dívidas. A *hereditas* é mescla de ativo e de passivo. Uma casa ser-lhe atribuída significa para você o telhado a refazer, o imposto a pagar, os seguros, uma montanha de papéis a preencher; ela comporta servidões. Você será apenas seu beneficiário. Justificando a propriedade, Tomás de Aquino dizia que o "uso" das coisas privadas permaneceria comum (IIa, IIae, questão 66, art. 2). De qualquer modo, elas tinham em Roma uma destinação familiar. Impossível falar de direito fazendo abstração dos outros.

Não conheço pior aberração que abordar as questões de justiça social a partir e do ponto de vista do pretenso "sujeito do direito". Assim comportam-se advogados, pelo interesse de uma das partes, e que ora têm na boca apenas os "direitos" do acusado, ora das vítimas. Essa não é a ótica da ciência do direito, sendo a primeira máxima do jurista escutar um e o outro: *Auditur et altera pars*.

Da dignidade do trabalhador, "sujeito" do trabalho, uma recente encíclica infere seus "direitos" à greve, ao sindicato, ao "justo salário"! A menos que essas palavras sejam ocas de sentido, tenho que os "direitos dos trabalhadores" só poderiam ser compreendidos em *comparação* aos direitos dos patrões, e tendo em conta a riqueza total do grupo...

Infelizmente, estamos neste ponto: todos – os sindicatos, as mulheres, os deficientes – adquiriram o hábito de calcular seus "direitos" apenas com base na consideração narcisista de si mesmos e somente deles. Seguindo essa via, deduzidos do sujeito: o Homem, e, sem considerar a natureza política e social *dos* homens, nasceram os direitos humanos, infinitos: "felicidade", "saúde", direito de possuir uma coisa totalmente, em seu único proveito, liberdades perfeitas. É bem esse o ponto de vista do sujeito! Mas falsas promessas, insustentáveis, irreais, ideológicas[1].

---

1. Não foi um erro menor, no qual não deixaram de cair os juristas modernos, constituir as *obrigações* jurídicas (por natureza multilaterais) com base em máximas de moralidade subjetiva: do dever que o indivíduo teria "de manter suas promessas", deduziram-se o consensualismo e a "liberdade contratual"; do pretenso dever de todos de "recuperar os danos cometidos por sua culpa", uma falsa concepção da responsabilidade civil (art. 1382). Todas elas conseqüências que se revelaram insustentáveis (cf. *APD*, p. 13, 1968, Sur les notions du contrat, t. 22, 1977: *La responsabilité*, e nosso artigo, Métamorphoses de l'obligation, *in Critique de la pensée juridique moderne* [pp. 202 ss.]).

2) Não há direito idêntico para todos os homens

Porque o direito é proporção – *tò Análogon*, dizia Aristóteles (*supra*, cap. 4), os latinos *Aequum* (cap. 5) –, o juiz proporciona as coisas com as pessoas. Que implica essa definição?

Aristóteles observara que uma proporção pode ser igual, que, em certas hipóteses, os direitos dos pleiteantes são equivalentes. Em caso de troca (*synállagma, commutatio*), as duas partes se vêem atribuir em princípio os mesmos valores. Nada impede que, na partilha de um patrimônio sucessório, as partes dos filhos sejam iguais, ou que o direito assegure aos franceses (isso não teria nenhum sentido para o conjunto da humanidade) um "mínimo vital" igual. Mas trata-se apenas de uma fração abstrata de seus direitos. Em suma, os direitos de uns e de outros serão essencialmente desiguais.

A mensuração dos direitos deve ser feita levando em conta *todos os fatores* do problema. Claro, a igualdade entre adjudicatários dos direitos, sem a qual não existiriam medida comum nem proporção calculável: há alguma igualdade entre cidadãos, diz Aristóteles e – acrescentaremos nós – entre todos os homens. Por que o juiz abstrairia este dado primeiro, que cada um dos pleiteantes participa de uma mesma natureza? Em linguagem moderna, a comum dignidade das pessoas humanas. Tira-se *argumento* no direito da existência de uma natureza genérica do homem. E a moral universal (que às vezes, em Roma, foi designada pelas palavras *jus gentium, jus naturale*) interfere no direito civil. Assim, justificam-se no *Digesto* umas infiltrações de trechos da moral estóica: quando se trata de mensurar as obrigações que nascem da venda, do aluguel, e outros contratos denominados de "boa-fé", o juiz romano é convidado a avaliá-las *ex fide bona*; ele levará em conta o fato de que uma lei moral universal convida todos a se comportarem honestamente.

Mas não há entre os homens apenas a essência genérica comum. Cada indivíduo tem sua *diferença*, isto também por "natureza" e já em seu nascimento. A genética o verifica, mas bastou o bom senso aos filósofos da Antiguidade para reconhecer essa evidência.

Para ser plenamente "eqüitativo", todo direito deveria ser proporcionado com as particularidades de cada qual, mesmo mínimas e ocasionais. Pode acontecer que um juiz atribua um prazo a um devedor por estar doente ou acabar de perder a mulher, em direito criminal que a moda seja "individualizar as penas".

Ainda é uma mensuração, até na eqüidade. A justiça do direito só se manifesta se usa regras gerais válidas para "a maioria dos casos" (*epì tò polý*), com o risco de convir imperfeitamente a certos casos excepcionais. Contentar-se-á em levar em conta diferenças principais, de sexo, de saúde física e moral, de idade e de classe, de riqueza, de função exercida no grupo social etc., consoante as quais se calculam essas proporções que os direitos são.

Assim vão ser constituídos direitos adaptados aos seres concretos, às dessemelhanças efetivas entre as "pessoas". A linguagem jurídica ignora "a Pessoa humana", ela trata, no plural, *das* pessoas – as *prósopa* dos estóicos –, dos *papéis*, múltiplos por definição; estatutos pessoais. *Aut liberi sunt aut servi* (Gaius, I, 9). Originariamente, a palavra latina *liber* designava uma condição jurídica particular, pois a ciência do direito não tinha o que fazer de uma liberdade metafísica comum a todos os seres humanos. Existem outros estatutos, *jura* das pessoas, cujo catálogo é dado no livro I de Gaius: espécies de estrangeiros, crianças, impúberes, adultos, homens de espírito sadio, loucos e pródigos, chefes de família etc. A *desigual-*

dade é a regra: o credor não poderia ter o mesmo direito que o devedor, nem o criminoso que o do inocente.

O direito que se pretenderia induzir da idéia abstrata de *Ánthropos*, apenas da "natureza" genérica do homem, só seria informe, incoativo, apenas um embrião de direito. "*O Homem*" não tem direito, não é matéria da ciência jurídica (*homo*, na língua jurídica, teria, antes, o sentido de escravo). Apenas homens têm *uns* direitos diversos.

3) *O direito não é feito para todos os homens*

Aristóteles demonstrara que a arte jurídica – tomada no sentido próprio – atua no âmbito de uma cidade. No seio do grupo familiar, uma arte de distribuir os bens e ônus exteriores, de determinar a parte de cada um – *jus suum cuique tribuendi* – careceria de razão de ser, por falta de *partes* a serem determinadas. Na família, usa-se junto a casa, os alimentos e o dinheiro comuns. Faz-se, por certo, uma distribuição movente dos bens e tarefas, mas dependente da "economia", sem que haja necessidade dos serviços de jurisconsultos. Aristóteles escreve: "O pai de família, a mulher, os filhos e a criadagem não são suficientemente 'outros' para necessitar, em vida do pai, da definição de seus 'direitos'."

Deveremos considerar hoje essas análises ultrapassadas? Mesmo que as famílias modernas não tenham a extensão das da Antiguidade, ainda que a filosofia individualista moderna se tenha aferrado à sua destruição, as comunidades familiares permanecem uma realidade.

Quanto às relações entre as cidades, também elas não oferecerão matéria para a mensuração dos direitos; entre um ateniense, um persa, um núbio, faltaria uma medida comum. Nelas não se encontra o elemento de *igualdade* que uma *proporção* necessita.

Outra explicação: para ter acesso à existência, cumpre que o direito de cada qual seja pelo menos *determinável*. Ora, essa tarefa fica suspensa nas condições presentes num grupo politicamente já constituído, e que faltam nos outros.

Toda solução de direito pressupõe uma pesquisa cujo ponto inicial é a observação. Cumpre que já esteja espontaneamente realizada no seio do grupo uma partilha dos bens e dos ônus, com base na qual se discute. Um *processo*, cujos fundamentos as leis terão exposto. A presença de órgãos judiciários, um corpo de especialistas que guiam o juiz, "regras" e "definições" que são obra de uma *jurisprudência*. *Last but not least*, autoridades judiciárias: toda pesquisa dialética se encerra com uma decisão. É preciso um *juiz* para autoritariamente pôr termo à controvérsia (*supra*, p. 52).

O grupo político é o único equipado para a produção do direito.

O uso romano reserva então o benefício do direito unicamente aos *cidadãos* e chefes de família. Não podiam ser seus beneficiários:

1) aqueles que em *Roma* são chamados de *alieni juris* – que participam do "direito de um outro", o pai de família; a mulher casada *cum manu*, que juridicamente saiu de sua família original para entrar na do marido; os criados, os *servi*. A essas categorias de pessoas, não se deve, segundo Aristóteles, reconhecer senão quase-direitos, direitos num sentido metafórico, não direitos no sentido próprio...;

2) *os estrangeiros*. Havíamos observado há pouco no *Digesto*, assinalando ao mesmo tempo que este termo era equívoco, uma definição teórica do *jus gentium*, como aplicável a todos os povos. Esse direito das gentes parecia confundir-se com a moral helenística que manda cum-

prir as promessas e respeitar a *humanitas*. Foi desse modo que, nos séculos XVI e XVII, os escolásticos espanhóis, Grócio e a Escola Moderna do direito natural quiseram deduzir dos mandamentos da moral cristão-estóica um direito válido para todos os homens, direito "universal", futuro "direito internacional". De fato, os juristas romanos mal abriram esse caminho.

Claro, para atender às necessidades do Império, no tempo em que (para empregar a expressão contestável de Léon Homo) a cidade romana se transformava em Estado, os jurisconsultos se empenharam para fazer um número crescente de estrangeiros beneficiar-se do direito, mas no âmbito do direito civil, e sem tocar em seus princípios. Usaram ficções, tratando o juiz da causa tal estrangeiro "como se fosse um cidadão": "*Si civis romanus esset*" (*Inst.*, Gaius, IV, 37) – ou, mais simplesmente, os imperadores deram aos habitantes do império a cidadania. Por isso, o campo do direito civil ampliou-se, à medida que se ampliavam a própria cidade, o grupo político.

Ele continua direito civil e não pode estender-se ao globo inteiro. Os romanos não acalentaram o sonho de um "direito universal": não declaravam direitos sem que fosse possível a definição deles. Ausência de "direitos humanos"!

N. E. – É lamentável que o autor se obstine em entreter-nos com o que foi o direito no tempo dos romanos. Queríamos saber o que ele é no século XX para Kelsen, Ross, Bobbio, Rawls, Hart, Dworkin etc. Estamos cansados de ver ignorar os progressos devidos ao cristianismo, à Revolução Francesa, a esta radical novidade: a *tomada de consciência*, pelos homens, de sua *liberdade*, tornada a pedra angular da Política.

Os direitos humanos são seu símbolo: quando os antigos só tinham uma *moral*, só conheciam vagos *deveres* de humanidade e de benevolência, ao passo que por tanto tempo se abandonaram os pobres à "caridade" de seus opressores, dezoito séculos depois do Evangelho adveio o progresso decisivo, que estamos consolidando: de agora em diante, garantimos *direitos* a todos os homens. Essa é nossa opinião.

– Não pode ser a minha, depois de examinar o que eram a moral e o direito em Roma.

Quanto à acusação feita à *moral*, de ser impotente, de ficar apenas em palavras, ela é válida na medida em que cessamos de acreditar na moral. Não sobre a moral clássica, cujos fundamentos são objetivos, e que os antigos não enrubesciam em tornar efetiva.

Talvez uma moral imposta já não combine com as idéias presentes? Ao leitor repugna a idéia de uma "ordem moral" (tanto a endureceram certas correntes tradicionalistas e clericais, dos tempos modernos); de uma moral pública, coerciva, legislativa, que reveste a forma de leis. Por isso deturpamos a linguagem antiga: situando de um lado as leis coercivas, agora assimiladas ao direito, do outro uma moral "pura", procedente da consciência subjetiva e livre de cada indivíduo. Rousseau e Kant nos conquistaram.

Longe de mim a intenção de blasfemar contra a "consciência" e a liberdade de todos na escolha de sua conduta! Antígona já o proclamara, e todos os grandes filósofos gregos (p. 90). Os Padres da Igreja, os teólogos e a filosofia kantiana tiveram o mérito de analisar esse papel da vontade livre na vida moral. Mas ele é uma fonte superior, da qual saem a um só tempo a voz da consciência e essa moral coletiva hoje redescoberta pelos sociólogos, psicólogos e psicanalistas. Ninguém nunca viveu sem uma moral "heteronômica". Impossível negar a existência de um "controle social". Que a vida em comum fica impossível se os *deveres* morais não são tornados eficazes por procedimentos que não poderiam confundir-se com os do direito.

Quanto a tratar de ganho substancial para a humanidade a substituição do sistema antigo dos deveres pelos "direitos" do homem, isso é uma pilhéria! Nós o constatamos já no primeiro capítulo, não são realmente assegurados aos homens nem os direitos humanos universais das Nações Unidas, nem os da Declaração preparada por Senghor para os africanos. Ela não deixará de prometer-lhes "o trabalho, a saúde, a cultura, a democracia", mas essas promessas não serão mantidas. Esses textos não passam de literatura, e não da melhor que Senghor tenha produzido.

Não, se acabei de permitir-me, contra os conselhos do editor, essa volta à Antiguidade, não era mania de historiador. A linguagem herdada de Roma era mais bem forjada e menos ilusória.

1) Os *jura*, essas porções de coisas, ou de governo das coisas, ou de obrigações, eram *direitos* autênticos, efetivamente devidos; mas como só podiam ser devidos com a condição de serem delimitados por um procedimento judiciário, no seio de uma ordem política, somente direitos *civis*.

2) Quanto aos deveres morais que as leis prescrevem, eles podem ser universais; mas então suas formulações são vagas, e impô-los é inseparável de um grande quinhão de arbitrariedade, que estaríamos errados em nos dissimular. Quando você assina um manifesto contra a crueldade dos generais turcos, pare de tomar-se por um jurista.

3) No que tange às teorias referentes à *natureza* genérica do *homem*, a glória dos filósofos gregos foi tê-la definido. Tenho a tese deles por mais bem fundamentada que as soluções miseráveis do cientificismo do século XX, e da Nova Direita. A dignidade do homem é, claro, um dos fatores que o trabalho jurisprudencial leva em conta, um dos argumentos que o advogado usa. Mas seria absurdo inferir desse único fato o que constitui a matéria da arte jurídica, porque os homens os disputam entre si, os *direitos* concretos de cada um com relação aos outros. – Como, portanto, tantos autores ilustres das épocas moderna e contemporânea conseguirão fazer o público engolir uma operação impossível?

8. O catolicismo e os direitos humanos

O lugar-comum de que os direitos humanos são um produto do cristianismo, ou do judaico-cristianismo[1], é onipresente na literatura cristã, tanto protestante como católica; comporta uma parte de verdade. A noção moderna dos direitos humanos tem raízes teológicas. A Revelação judaico-cristã exalta mais a dignidade do homem que os filósofos gregos.

Texto fundamental: *Gênese* I, 26. – "Deus disse: façamos o homem à nossa imagem, à nossa semelhança e que dominem os peixes do mar, as aves do céu, o gado, todos os bichos selvagens e todos os répteis que rastejam na terra."

I, 27. – "Deus criou o homem à sua imagem.

À imagem de Deus, ele o criou.

Homem e mulher, ele os criou."

I, 28. – "Deus os abençoou e disse-lhes: Sede fecundos, multiplicai-vos, enchei a terra e a submetei: domi-

---

1. Aqui começava a segunda parte de nosso curso, intitulada "A gênese dos direitos humanos" (a primeira tratava de "A invenção do direito"). Por falta de espaço, reproduziremos só dois capítulos dela. Pode ser sacrificado o estudo das Declarações dos séculos XVIII, XIX e XX, umas críticas que suscitaram, referentes também ao conceito de "direito subjetivo". A esse respeito, existe uma farta literatura. Mas só livramos um jardim de suas ervas daninhas cavando até suas raízes.

nai os peixes do mar, as aves do céu e todos os animais que rastejam na terra."

I, 29. – "Deus disse: Eu vos dou todas as ervas que dão sementes sobre toda a superfície da terra, e todas as árvores que têm frutos com semente: será vosso alimento etc."

I, 31. – "Deus viu tudo o que fizera. Era muito bom."

Para dizer a verdade, já havíamos encontrado no *Tratado das leis* de Cícero a afirmação de que os homens são a semelhança de Deus (*Homini cum Deo similitudo, De leg.*, I, 8); os filósofos haviam reconhecido a superioridade do homem, provido do *lógos*, sobre as coisas. Já uma antropologia universalista. A da Gênese não o é menos.

O cristianismo vai conduzir para mais alto a exaltação do Homem: Deus se fez homem; eis-nos chamados à vida divina. Cumprirá dizer que passávamos para o lado de Deus e nos separávamos do *cosmos*?

A mensagem dirige-se a *todos*. Abolido até o privilégio que Deus dera a seu povo eleito: "Não há judeu nem grego, não há escravo nem homem livre, não há homem nem mulher; pois todos vós fazeis um só em Jesus Cristo (São Paulo, Epístola aos Gálatas, 3, 28)...

Eis que o Homem se mostra o fim da criação; sua grandeza, assim como diz Pascal, tornada *infinita*. Estará aqui a fonte dos "direitos humanos"?

Mais decisiva, percebe-se outra razão para atribuir aos teólogos a paternidade dos direitos humanos: é a *ignorância* da quase unanimidade deles acerca das questões do direito. Uma ignorância totalmente natural, cujo monopólio não é deles; os filósofos dos tempos modernos não ficam nada atrás nesse capítulo. Muito natural: existem coisas mais necessárias que os juristas. Ela só começa a oferecer inconvenientes quando, sem dele nada conhecer, imiscuem-se no direito.

É possível que a Igreja deva imiscuir-se; que a fé se torne evasão e hipocrisia, se deixa de se encarnar na vida real, e os marxistas nos ensinaram a pôr no âmago da vida a ação política. Então surge a tentação de extrair do Evangelho os princípios de um "direito cristão". Infelizmente, o Evangelho é tão rico que se presta a ser explorado nos mais opostos sentidos. – Dele guardaram no século XIX o preceito da obediência a César, o amor à ordem e o respeito à moralidade pública; atualmente dele se deduziriam novos "modelos de sociedade" de tipo socialista. Alguns enveredaram nesse caminho até a ruptura com as Igrejas instituídas. Li em algum lugar que "fizeram uma política da religião, até fazer da política a religião deles".

Mas preferiremos, conforme nosso hábito, buscar na história pensadores de maior envergadura. Onde, então, informar-se?

Com as relações entre o cristianismo e o direito no sentido próprio, que eu saiba os *Padres da Igreja* não se preocuparam. Seu interesse ia a alhures: ao reino dos céus, ao dogma trinitário, à vida cristã segundo o Evangelho. Para a solução dos processos, existia o direito do Império Romano. Contentar-se-iam com ele sem fazer disso um problema. É verdade que Santo Agostinho, na Cidade de Deus (XIX, 21 e II, 21), declarava o direito dos romanos incapaz de realizar sua pretensa Justiça. Isso não impede que esse Doutor da Igreja convide a respeitar o direito da Cidade terrestre. Dá a César o que é de César (que, aliás, quase só mereceria a indiferença). Digam o que disserem, nem São Paulo nem a Igreja cristã do Baixo Império esboçaram a menor tentativa para fazer com que se abolisse a escravidão. Os imperadores cristãos se empenharam em favorecer as alforrias, promulgaram no caso sanções contra a crueldade dos senhores. Essas leis concernem à conduta dos indivíduos – à determinação da moral – e não constituem, com relação à legislação pagã, nenhuma solução de continuidade. A Patrística *ignora* o direito.

A situação mudou na *Alta Idade Média*. Então o direito desaparecera com a cultura profana da Antiguidade. Já não havia atividade jurisprudencial. Pautavam-se pelo "costume" – herança recebida do passado – para fundamentar os direitos (os *jura*) dos particulares. Entretanto germinava, sobre bases novas, uma ordem social de outro gênero. Como não sobrevivia na Alta Idade Média outro ensinamento senão o clerical, sobretudo monástico, outros estudos senão os sacros, ele terá como fontes a Torá bíblica, a lei do Evangelho, os preceitos de moralidade dos Padres da Igreja. Grande número das instituições que nasceram naquela época são de proveniência bíblica: a sagração e a função régia, a proibição da usura ou do incesto, um regime de proteção das viúvas, órfãos, estrangeiros; a autoridade do Sacerdócio. Conta-se com a força do juramento e com o dever de fidelidade (princípio da ordem feudal). Sistemas de regras de conduta. Ordem alicerçada sobre leis morais, que não é um *direito* no sentido próprio. Um mundo caído de novo na barbárie, onde o comércio é raro, a economia rudimentar, pode muito bem viver sem uma arte jurídica.

Foi com o *Renascimento* de uma civilização urbana, do artesanato, do comércio, das artes, que foi sentida de novo a necessidade do direito. Desde o fim do século XI ou no século XII ressurge, graças aos glosadores, o direito romano. Acontece que ele entra em conflito com a doutrina cristã. Surge então um problema.

Como naquele tempo a teologia está em pleno desenvolvimento, viva, aberta, pluralista, foram dadas diversas respostas: a teologia que achamos a mais ortodoxa aceita a volta ao direito. A partir do século XIV, levantar-se-ão outras escolas, desfavoráveis ao ressurgimento da invenção romana. Em nome do Evangelho, vão-lhe opor um programa de reconstrução da ciência jurídica, prenunciadora dos "direitos humanos".

Tomás de Aquino e a volta à filosofia jurídica romana

Para esclarecer a posição da Igreja cristã acerca do direito, poderíamos deixar de consultar Tomás de Aquino, o "doutor comum" da Igreja católica? Nunca a cultura dos teólogos atingiu um ápice igual ao do tempo de Santo Tomás: certamente não no século XX. Começo por banalidades. Mas Santo Tomás é mal conhecido, porque os padres têm acesso à sua obra pelas caricaturas que lhe impuseram as faculdades católicas e os seminários. E nossos leitores provavelmente não leram a *Suma*.

É uma maravilhosa *catedral*, que tem a vantagem de nos ter chegado, se bem que inacabada, em estado puro, o que não é o caso de Chartres nem de Notre-Dame de Paris: ela abrange todas as coisas a partir de Deus (*omnia sub ratione Dei*), o mundo, sua diversidade, sua ordem, a moral terrestre, a Encarnação, a Redenção e nossos derradeiros fins. – E pela harmonia de sua arquitetura. Por suas *aberturas*, seus vitrais. Os tomistas do século XVI e seus sucessores a traíram substituindo-a (como fizeram com a obra dos filósofos gregos) por um sistema fechado. Ela era uma pesquisa aberta, resplandecente de vida.

A obra de Santo Tomás reflete a curiosidade de espírito insaciável e a arte refinada da controvérsia que fizeram a beleza da Universidade de Paris, então em seu apogeu. Depois de ter feito a *leitura* dos melhores autores, *comentado* seus textos, vinha o exercício da *quaestio*. Método *dialético*: costumavam-se confrontar, sobre um mesmo assunto, opiniões contraditórias, enriquecendo-se de pontos de vista diversos, em vez de ficar rígido num dogma. A *Suma* é tecida de *Questões*. É o exato oposto de Hegel, que pretende *deduzir* o real e reduzi-lo ao "racional". Ela é tão rica de problemas quanto de soluções. E deixa muitos problemas abertos.

Sua característica primordial? Reunir e reconciliar essas duas formas de conhecimento aparentemente heterogêneas: a tradição religiosa e a filosofia pagã; integrar a cultura antiga na teologia cristã.

Deus é o Pai de todos. Ele não deu luzes apenas aos batizados, nem outrora apenas ao Povo eleito. Claro, às mais altas verdades – sobre Deus, a criação do mundo, a história da salvação, Jesus Cristo, ou nossas finalidades últimas – só há acesso pelo canal da Santa Escritura ou por uma graça sobrenatural. Mas essa fonte jorra num ponto do espaço e do tempo, que ainda toca apenas alguns, que não tem a função de nos instruir sobre tudo.

Mas o Criador não recusou pelo menos o espetáculo de suas *obras* (por onde, diz São Paulo, poderíamos subir a Ele), ou seja, do mundo temporal, a nenhuma inteligência humana. Na compreensão do mundo, os gregos obtiveram resultados que o batismo não proporciona o direito de desprezar.

A Razão do homem tem seus limites e suas falhas; mas, exercida corretamente, não poderia contradizer a Santa Escritura, pois ambas procedem de Deus. Com a condição de restituir a cada qual seu sentido e seu alcance próprio, os textos deverão conciliar-se. Não há ruptura mas continuidade, em questão de conhecimento, entre o "natural" e o sobrenatural.

Eis o que uma teologia total, *católica*, professa. Ela não pretende a novidade: recobra o espírito da Patrística grega e, acreditamos, do Evangelho. E Santo Tomás se beneficiava do exemplo de seu mestre Alberto Magno, tinha atrás de si dois séculos de uma prodigiosa vitalidade da teologia, mas os coroa. Era necessário vergastar o agostinismo que, desde a Alta Idade Média, se instalara na Igreja, instilando o desprezo pelos estudos profanos. Santo Tomás é o teólogo desse *Renascimento* intelectual, ao qual se deve o progresso da Europa.

Marcado pela restauração da *filosofia*. Essa palavra resumia todas as ciências: Física, "Metafísica", Moral – todos eles conhecimentos que devem pouco à Santa Escritura. Qualquer que tenha sido a opinião de Gilson sobre a novidade da ontologia de Santo Tomás, não creio que aqui se tratasse de uma "filosofia cristã"; mas filosofia de origem profana, natural. Cristã? Sim, porque Santo Tomás não se submeteu a um modo filosófico qualquer. Longe de ceder sem resistência ao afluxo da cultura profana renascente – ele tem poucos êmulos hoje! –, esse teólogo verificava seu acordo com a fé cristã. Evitou aceitar tudo da filosofia de Aristóteles. Contudo, a doutrina de Aristóteles pareceu-lhe o ápice do esforço filosófico grego. Na catedral de Chartres, onde provavelmente foi representado, sob Cristo, o conjunto do mundo, figura a estátua de Aristóteles. Nas Câmaras do Vaticano, toda a "Escola de Atenas".

Volto ao *direito*: não se tratará (mas não é nem um pouco negligenciável) senão de seus princípios e de sua linguagem.

Semântica do direito

Santo Tomás encontrava essa linguagem num estado de *confusão* e de desordem extremas. Duas tradições se entremeavam nela.

a) A literatura religiosa fundamentada na Bíblia. – Aqui os dois termos *Tsedeka* e *Mischpath* (que costumava ser-lhe associado no texto hebreu) já eram na Vulgata traduzidos pelas palavras *justitia* e *jus*.

Não me compete definir essas noções bíblicas. Mas a justiça bíblica é diferente da "justiça particular" de Aristóteles. Significa mais santidade, adesão a Deus, a seus mandamentos. Quando lemos na Santa Escritura "Observai o direito e a justiça", "Procurai primeiro o reino de Deus e sua justiça, o resto vos será dado a mais", "A fé justifica", é evidente que esses preceitos não se referem à partilha dos "bens exteriores". Talvez tenham alguma semelhança com a noção de justiça "geral" de Aristóteles, a que ele também chamava "justiça legal": observância da Lei, da Tora. A palavra *Mischpath* parece evocar a perfeita realização do reino de Deus, a prosperidade geral, o bem e a paz, a ordem desejada por Deus.

Ali se abeberaram a patrística e o agostinismo da Alta Idade Média. Entre os textos que constituem a matéria-prima da *Suma*, alguns dão à palavra *jus* o sentido de observância da lei, fazem de *jus* o sinônimo de *lex* (caso de Santo Isidoro de Sevilha, que pratica uma mescla esquisita de patrística e de direito romano); ou designam por "justiça" o amor a Deus e ao próximo, a piedade, a misericórdia. Como Pedro Lombardo em suas *Sentenças*, III, 23: *Justitia in subveniendo miseris*. E a caridade, que é, por excelência, o instrumento de uma moral universalista, está a serviço de todos os homens.

b) Mas eis que o *Corpus Juris Civilis* tornou a ser apreciado – assim como Aristóteles: como sua *Ética*; Santo Tomás a comentou minuciosamente. Aqui *jus* e *justitia* recobravam seu sentido estrito.

É enorme a ambigüidade desses termos, a desordem dessa linguagem: não é de espantar que nos textos que a escolástica teve a função de confrontar pululem afirmações aparentemente contraditórias.

Então entra em ação a *dialética*. Ela supera essas contradições mediante a análise da linguagem: o dialético *distingue* os sentidos que um mesmo termo adquire nas perspectivas diversas próprias de cada autor. Os Padres da Igreja, Aristóteles, os jurisconsultos romanos não podem usar a mesma linguagem porque seus propósitos e respectivas *competências* são muito diferentes.

Consideremos, na *Suma teológica*, as questões relativas à lei divina (Ia, IIae, questões 98 ss.): a *antiga*, mosaica – *lex vestus* (questões 98 a 105) – e a "nova" evangélica (questões 106 a 108). Para cada uma, Santo Tomás discute se pode extrair dela conhecimentos sobre o direito.

Não creio que o antigo mundo judaico tenha conhecido o conceito de direito, praticado essa *arte* que Aristóteles e os jurisconsultos de Roma discernirão. Como todos os povos que a invenção romana não tocou, ele era regido por *leis*, regras de conduta às vezes sancionadas. Há boas razões para pensar que Santo Tomás, se tivesse exposto esse problema de história, teria sido da mesma opinião.

No entanto a Antiga Lei comportava, diz ele, *praecepta judicialia:* preceitos que incluíam de modo confuso, sem que isso ainda fosse objeto de uma disciplina distinta, implícitas soluções de direito; exemplos, as leis do talião ou do levirato. E há que salientar a correspondência das instituições sociais do Antigo Testamento com os princípios descobertos pela Razão dos filósofos ou jurisconsultos romanos (questão 103, *De ratione judicialium praecepterum*).

Sim, mas esses preceitos "judiciais" deveriam governar apenas o antigo Israel. Convém ao direito ser proporcional aos tempos e lugares. Se "o agostinismo" tendia a deixar-se reger pela Tora judaica (donde procede a sagração dos reis, a regulamentação do incesto, da usura, dos delitos sexuais na sociedade da Alta Idade Média), Santo Tomás fecha esse caminho. Os *praecepta judicialia* do Antigo Testamento "já não estão em vigor desde o advento de Cristo"; prescreveram – *sunt evacuata* (questão 104, art. 3).

O que acontecerá com a *lei nova*? A *lex Nova* do Evangelho, "não-escrita", "graça do Espírito Santo", "interior", inserida nos corações, desprovida de sanções temporais, não comporta *judicialia. In lege nova non traduntur aliqua judicialia praecepta* (questão 108, art. 2). Cristo recusava cuidar de questões de herança, de partilha de bens temporais (Lucas XII, 14). As "determinações"do direito em regime cristão são deixadas à iniciativa dos homens, *relinquuntur humano arbitrio* (*ibid.*). O homem as provê por meio da inteligência natural, *per sua naturalia*. Isto significa que, em princípio, os problemas do direito escapam à dominação dos clérigos exegetas da Santa Escritura. O Evangelho não foi feito para proporcionar receitas de direito. Deduzir dele relações de direito é um erro de interpretação. É trair-lhe o sentido. O Evangelho não condenou as instituições jurídicas romanas – a propriedade, a escravidão –, nem as aprova: não diz nada sobre elas.

Uma vez que o direito deve governar relações entre todos, cristãos, muçulmanos, incréus, cumpre que possamos inferi-lo de fontes acessíveis a todos. Há ciências que Deus entregou à competência da Razão natural comum. Nós nos instruiremos sobre elas na literatura profana.

Moral universal e direito

O que resulta disso? Não o menor desconhecimento do Evangelho. Os textos revelados continuam no primeiro lugar dessa *Suma teológica*. Não a redução do universalismo cristão e da dignidade infinita que o cristianismo reconhece ao homem. O indivíduo por si só constitui um "todo", escreve Santo Tomás, acima da cidade. E lembra que o homem recebeu de seu criador um poder de governo (*dominium*) sobre as criaturas inferiores (IIa, IIae, questão 66, art. I). Uma "lei natural" idêntica em todos – (Ia, IIae, questão 94, art. 4) – prescreve deveres *universais*.

Só que não há ruptura, mas *continuidade* entre essa doutrina cristã do homem e a antropologia dos gregos. A filosofia havia discernido o lugar eminente ocupado pelo homem acima dos seres irracionais e gerado uma moral universalista. Antes que São Paulo falasse da lei natural, ela está nos filósofos gregos. Claro, a Revelação cristã sublima a moral antiga e dá-lhe um sabor novo. Mas sem a infirmar. Ao contrário, ela lhe confirmou o melhor. E sem tocar em seus preceitos: o objetivo do Evangelho não é ensinar a filosofia. Recuperemos, portanto, a moral e a antropologia clássicas.

Com mais forte razão o *direito*, sobre o qual o Evangelho fica mudo. Santo Tomás tratou do direito em sua IIa, IIae, a propósito da virtude moral da justiça, seguindo a ordem de Aristóteles: questão 57, *De jure*; 58, *De justitia* (trata-se, a título principal, da justiça particular); 60, *De judicio* etc. Nelas suas fontes são Aristóteles e o direito romano.

Quaestio 57, art. 1. – Nela encontro condensadas em algumas linhas todas as conclusões do estudo precedente: o direito não é a *lex*. O *Tratado de leis* (Ia, IIae, questões 90 ss.) tinha por objeto a moral, as regras que governam as condutas humanas (*regulae actuum*) na "economia da salvação". A função do *direito* é a mensuração de proporções justas na partilha dos bens exteriores. O homem é, na opinião do jurista, apenas uma *parte* na cidade e recebe das coisas apenas partes limitadas: o direito não tem o que fazer com a infinitude.

A *arte* do direito utiliza a observação (*consideratio rei*). Dialéticas, suas conclusões comportam uma dose de arbitrariedade. Exerce-se numa *cidade*; as partilhas feitas no interior de um grupo familiar não são direito no sentido estrito (questão 57, art. 4). O "direito das gentes", o direito "natural" são imperfeitos: o direito "positivo" das cidades (art. 3), só ele, alcança a solução, *determinar as coisas devidas* a uns e a outros.

Deveremos repeti-lo? Tais como foram definidos em Roma, no sentido estrito, os direitos são coisas. Santo Tomas penetra o espírito jurídico romano melhor que a maioria dos romanistas. Quero como prova disso apenas sua análise da *propriedade* (IIa, IIae, questão 66, art. 2). Sobre o significado romano de *proprietas*, não nos explicamos? A propriedade de cada um é *o* que lhe é próprio, o direito que lhe é atribuído. Em boa análise, não é a coisa inteira (*res corporalis*). O direito reparte *jura*, coisas "incorpóreas": "poder de gerir" esta ou aquela coisa (*supra*, p. 77). Sob pena de cair na desordem e no desperdício do comunismo, é necessário – Aristóteles o demonstrara – que a *gestão* da maior parte dos bens exteriores (*res privatae*) seja deixada aos particulares. A distribuição deles se opera no seio dos grupos políticos unicamente em proveito dos cidadãos e chefes de família de uma cidade.

Então nada estaria previsto em benefício dos outros homens, da universalidade dos homens? Claro que sim, mas essa tarefa não dependerá do direito. Santo Tomás tratou da guerra (*De bello*) e das relações internacionais longe do setor da *Suma* consagrado ao direito e à justiça, sob a rubrica da *caridade* e dos vícios contrários à caridade (IIa, IIae, questões 40 ss.).

E, voltando à *questão* da *Suma* sobre a propriedade (IIa, IIae, questão 66, art. 2), nela ele restitui seu sentido autêntico a vários textos de Santo Ambrósio e de São Basílio, dos quais tantos leitores mal avisados crêem poder deduzir a apologia do comunismo. Nem São Basílio nem Santo Ambrósio pretendem aqui tocar no direito; o discurso deles se move noutro plano. Esses textos visam à *moral* dos proprietários, à maneira pela qual devem *conduzir* essa gestão da parte de coisas que o direito lhes conferiu; seus *deveres*, a piedade, a esmola, a magnificência – *liberalitas*. A lei moral prescreve ao rico "usar e dispor" das coisas para o bem comum e os pobres. Nesse sentido, Aristóteles escrevia que o "uso" das coisas permanece comum. A Santa Escritura vai mais além: as coisas exteriores foram destinadas por Deus ao serviço comum da humanidade. Não é que todos os homens tenham *direito a todas as coisas*, assim como dirá Hobbes! Saímos do direito. Não é só o direito; ao qual a *Suma* reservou, em última análise, apenas um lugar bem diminuto!

Essa passagem tem reputação de ser a carta da pretensa "Doutrina social da Igreja"; da qual parece que certos clérigos supõem que seja obra da Igreja e particular aos cristãos. No ponto em que Santo Tomás humildemente comentava a *Ética* de Aristóteles e o *Corpus Juris Civilis*. Não, essa doutrina vem dos filósofos e dos jurisconsultos romanos. A cada um seu papel! Se nos é permitido falar de uma moral cristã, as fontes do *direito* são profanas.

Essas necessárias distinções entre a moral e o direito, uma vez que foram conquistadas pelos filósofos da Antiguidade, por que privar-se delas? Porque se é cristão, cumpre voltar à barbárie? Santo Tomás restaura a doutrina rigorosa romana do direito, mostrando que ela em nada se opõe à fé cristã. Devolveu à arte do direito a sua autonomia, e os meios de seu desenvolvimento.

Corolário: no teólogo oficial do catolicismo, nova constatação de carência dos "direitos humanos".

Os pródromos dos direitos humanos nos últimos séculos da Idade Média

Existem outros teólogos nessas escolas medievais transbordantes de vida e de controvérsias, de pluralismo doutrinal.

A teologia de Santo Tomás – a corrente de pensamento que ele representa – foi eficaz. É de acreditar que ela penetrou em largos setores da elite, entre os clérigos e entre os leigos, juristas incluídos, que a cultura profana moderna deve-lhe grande parte de seus sucessos, o direito da Europa, seu Renascimento. Mas está longe de ser a única.

No final do século XIII, na panóplia das doutrinas dos teólogos, Santo Tomás ocupa uma posição mediana. À sua esquerda, os *averroístas*, entregues à filosofia pagã, dissociada da fé. Também eles têm um grande futuro; a cultura do Ocidente moderno um dia será quase inteira secularizada... À sua direita estava a corrente denominada "agostinista", que vai prevalecer no mundo clerical. É difícil para um clérigo dispor, como Santo Tomás, de uma dupla cultura. A tradição das escolas de teologia, herdada da Alta Idade Média, é de meditar o Evangelho, os Padres da Igreja, e de desconfiar dos árabes, dos judeus e dos gregos. Para esse sentido se inclinava o franciscanismo.

Pouco depois da morte de Santo Tomás, várias de suas teses foram condenadas, em Paris em 1277, depois em Oxford, o trouxe-mouxe com a dos averroístas. Abriu-se uma época de reação. As "filosofias" naturais foram olhadas com olhos suspeitos – como se o Diabo fosse seu autor. E restituída sua primazia ou seu controle à literatura sacra. Não é natural para os clérigos? Que, na educação dos clérigos, dominasse o Evangelho, que se chegasse a dispensá-los de filosofia e de direito, seria um escândalo? Para salvaguardar o essencial, é permitido preferir, ao esplendor das catedrais ou da música polifônica, a pobreza da liturgia e da arquitetura e a indigência intelectual.

Os mestres de teologia dos séculos XIV e XV não são incultos. Ainda não podiam dar-se ao luxo de ignorar Aristóteles. Mas eis o perigo: naquele tempo em que a teologia permanece a "rainha dos estudos", uma vez despertada nos clérigos a necessidade da filosofia, o risco estava em que os teólogos fizessem uma apologética sua e não fossem constituir a partir da Bíblia e dos Padres uma "filosofia cristã". Chegar-se-á a solicitar à Santa Escritura dogmas em astronomia..., e, já que desde então existia a necessidade do direito, pôr no lugar da ciência jurídica romana um sistema de direito pretensamente "cristão".

Clericalismo contra o qual Santo Tomás havia alertado. Mas, na Igreja, faltaram suficientes envergadura e abertura intelectuais para manter o caminho que ele abrira. Talvez esteja aqui a causa remota da eclosão dos direitos humanos.

Uma virada da filosofia

É da filosofia que dependem os princípios das ciências, em particular a linguagem deles. Portanto, abordo um tema de importância capital para a história da ciência jurídica.

Algumas palavras sobre dois grandes autores do início do século XIV, Duns Escoto e Guilherme de Ockham. Eles gerarão duas escolas de filosofia, as mais influentes até o século XVI: o *escotismo* e o *nominalismo* – ou *via moderna* –, já nomeado método "moderno" de filosofar. Por eles foram estabelecidos os fundamentos de uma filosofia *individualista*.

O nominalismo

Trata-se sobretudo do *nominalismo*: revolução levada ao âmago da filosofia, no modo de conceber o mundo, de recortá-lo, de definir "o sendo". Digo revolução em comparação à filosofia clássica, não há nada de novo sob o sol. Os princípios do nominalismo haviam germinado em alguns autores da Antiguidade e na Idade Média já no século XI. Ele desabrochou nas obras de Guilherme de Ockham.

Acreditamos poder atribuir à filosofia de Ockham, esse monge franciscano filiado ao partido dos "espirituais", ramo extremo do franciscanismo, fontes *religiosas*. Elas não aparecem ao primeiro olhar. Guilherme de Ockham parece chegar a suas conclusões por meios de pura lógica, secos raciocínios dedutivos. No entanto, seu individualismo se enraíza na Santa Escritura e na tradição religiosa.

O pensamento cristão sempre desconfiou da idéia grega de *ordem* cósmica, porque ela ameaça conduzir ao determinismo, muito acentuado na leitura feita de Aristóteles por Averróis. O que responde a fé judaico-cristã? Ela ensina um Deus pessoal situado acima de qualquer ordem, que cria o universo por um ato de decisão livre e não pára de intervir através da história para desarranjar a ordem com seus milagres. Dirige-se a pessoas livres: Abraão, Moisés, Isaías, São Pedro. O que povoa a Bíblia é um mundo de indivíduos livres. É verdade que também encontraríamos na Santa Escritura o sentimento do destino coletivo do povo eleito e, em São Paulo, do Corpo místico; mas nem a nação judaica nem a Igreja cristã são *cidades*. Não há organização social no reino dos céus. "Não há homem nem mulher, nem senhor nem escravo etc."

Existe um violento contraste entre a filosofia de Ockham e a visão grega do *cosmos*. Para Aristóteles, *a realidade* não é feita apenas de indivíduos – ainda que ele chame os indivíduos de "substâncias primeiras". Do mesmo modo real (exterior à nossa consciência) está a *ordem* à qual eles são submetidos, os gêneros ou espécies denominadas "substâncias segundas" (a espécie humana, o gênero animal) sob os quais se arrumam os indivíduos; em geral as relações entre indivíduos. Podem, portanto, ser ditos "naturais" não só os homens, mas os grupos, famílias ou cidades, e a estrutura desses grupos.

A filosofia de Guilherme de Ockham vai reduzir a realidade a *substâncias* individuais. Os únicos reais, os seres singulares: Sócrates, Pedro ou Paulo – que os substantivos próprios designam.

Mas, então, que significarão os substantivos *comuns* (o animal, o homem) ou *relacionais* (a paternidade, a cidadania) existentes também em nossa linguagem? Não designam nada de real. São instrumentos úteis para "conotar" (notar juntos) por economia de linguagem uma pluralidade de seres individuais. Os "universais" e as relações só têm existência em nossos discursos. São somente *termos*, signos, forjados pelos homens, e cujo sentido depende dos homens. Suas definições são convencionais. Temos liberdade para modificá-los, para transformar a bel-prazer o valor dessas palavras, para deixá-las mais *operatórias*, permitir-nos agir mais comodamente sobre o mundo real dos seres singulares.

O nominalismo é a destruição da ontologia de Aristóteles. Ainda que Ockham pessoalmente não tenha pretendido tomá-la como alvo, tire argumento de Aristóteles contra o "realismo" extremo, ele arruína sua filosofia, sua política e seu direito. Se já não há ordem regendo as relações entre indivíduos, se a própria cidade não é uma realidade, perde toda sua razão de ser uma ciência cujo propósito seja a apreensão direta dessas relações sociais. A arte da busca do justo no seio da realidade, que a arte romana da jurisprudência fora, fica sem objeto.

Ora, essa ontologia nova, essa radical transformação das relações entre palavras e coisas, pela qual Guilherme de Ockham inaugura a *via moderna* – não pude abster-me de mencioná-la, tão rica ela é de conseqüências. Inaugura-se a era em que, largando a observação realista da natureza, o pensamento se instala no idealismo. Vai-se trabalhar sobre a imagem miserável de um universo povoado somente de substâncias simples. Eis o momento em que a cultura da Europa *balança*: a filosofia, as ciências, a lógica. O antigo método "dialético" destinado à descoberta das estruturas reais do mundo vai desaparecer; só sobrará a lógica formal dedutiva, a qual opera sobre signos. Quanto aos juristas, eles renunciarão a buscar o direito na "natureza"; uma vez que o "direito" já não existe fora da consciência dos homens, ele deixa de ser objeto de *conhecimento*. Cumprirá, como Hobbes, *construí*-lo artificialmente, a partir dos indivíduos. Acabamos de atingir a crista, a linha divisória das águas: atrás você tem o direito, na frente os direitos humanos.

A doutrina jurídica moderna empreenderá extrair o direito não da natureza das cidades, mas da "natureza do homem". Dificuldade: há isso de aborrecido no nominalismo, que para um estrito discípulo de Ockham a "natureza do Homem" não existe, nem o próprio Homem, a não ser que a natureza do homem seja reduzida às "semelhanças" que "conotamos" entre uma série de indivíduos: estes ou aqueles apresentam certos traços em comum (o egoísmo, a liberdade, a inteligência calculadora); mas não poderíamos assegurar que essas semelhanças sejam duradouras, nem realmente universais.

Eu acreditaria que o futuro sucesso, entre os filósofos da Escola Moderna do Direito Natural, do tema da "natureza humana" é uma herança do *escotismo*, pois Duns Escoto afirma a realidade de uma essência genérica do Homem. Essas serão as bases filosóficas da política moderna, e da linguagem do direito moderno.

Teoria da lei

Quer dizer que assistimos, já no início do século XIV e nesses autores franciscanos, ao nascimento dos "direitos humanos"? Ainda não. Uns clérigos, resolvidos a resumir os estudos de teologia a uma esfera puramente espiritual – salvo a cultivar a *Metafísica* e manejar habilmente a lógica formal –, deviam sentir pelo direito apenas uma indiferença desdenhosa. Outros cuidavam dele. Existiam faculdades de direito, entendo de direito civil. Levavam uma vida autônoma e ainda não muito contaminada pela nova teologia. Nelas continuavam a fazer a leitura e comentar o *Corpus Juris Civilis*. Perde-se a unidade de cultura.

Entretanto, a teologia estenderá seu imperialismo pelo menos à *moral*. Santo Tomás distinguira entre virtudes "teologais" – fé, esperança e caridade – e virtudes "morais" no sentido estrito, as quatro cardeais. Sobre a moral propriamente dita, ele ousara reconhecer e respeitar a competência da filosofia profana. Nossos franciscanos vão recolocar toda a moral sob a dependência do Evangelho; construir uma "moral cristã". Essa é uma das peças de seus tratados de teologia dos quais há o risco de sair uma nova concepção do direito.

O que não pode faltar no seio de suas obras é uma teoria da *lei*: tema tradicional da doutrina sacra, em particular desde Santo Agostinho. Com a irrupção do nominalismo, e já em Escoto do voluntarismo, a palavra adquire um valor novo. Já não evoca a ordem do mundo, oculta nesse mundo, que os legisladores ou filósofos gregos se esforçaram, seja como for, em exprimir em fórmulas escritas. A lei se torna esse fato, o *mandamento* voluntário de uma autoridade.

A primeira é a lei divina, que deve ser fonte de toda a moral. Não se trata do conteúdo insondável da "Razão divina", mas de *mandamentos* positivos. O homem não tem outra conduta a manter senão a obediência a esses mandamentos. Um dos *leitmotivs* das teologias de Escoto e de Ockham é reconhecer o poder absoluto de Deus, sua *potestas absoluta*. *Credo in Deum omnipotentem*. Tão total é sua liberdade que, segundo Ockham, Deus poderia ter, se o houvesse desejado, dado como preceitos em seu Decálogo mentir, fornicar e assassinar, e até odiá-lo, levar nossa adoração a um "asno". Mandou a abstenção do roubo e do homicídio, o amor ao próximo. A moral está em submeter-se à sua vontade.

Outras leis vêm completar o sistema, isso ainda é tradicional: imperadores e reis. Dever-se-á postular, com base em textos da Santa Escritura, que Deus concedeu a César uma parte de sua onipotência para a regulamentação das condutas dos homens no temporal. Não há autoridade que não venha de Deus e não é sem razão, diz São Paulo, que ela empunha a espada. As leis ditas "humanas", promulgadas pelos príncipes, adaptam a lei moral divina às circunstâncias de tempo e de lugar (Santo Agostinho as chamava leis "temporais") e podem muni-las de sanções. A obra política de Guilherme de Ockham visa fortalecer o poder das leis imperiais.

Em terceiro lugar, a "lei natural". Ela foi, segundo São Paulo, "inserida" por Deus "no coração dos homens", noutras palavras, em nossa Razão. A *Razão* subjetiva do homem, porque contém uma parte de seus mandamentos, torna-se uma das fontes da moral. Sai dela uma lei, por certo vaga, obscurecida por causa do pecado, e que o pecado deixa pouco eficaz; cujo conteúdo coincidiria com o do Decálogo.

Eis estabelecido o catálogo das leis que regulam a moral, algumas acompanhadas de sanções temporais. Agora, o uso agostiniano é designar na ocasião o sistema das leis morais pelo termo *jus*. Como a doutrina cristã nada mais tem que fazer com o *jus* no sentido estrito, a palavra está disponível: usam-na para falar das leis. *Jus* será sinônimo de *lex* – nosso "direito objetivo".

Adquire assim, no interior da teoria da moral, o significado novo mais tarde denominado "direito subjetivo". O "direito subjetivo" é um produto da onipotência divina. Acabo de lembrar a proposição de que Deus concedeu aos reis uma parte de seu *poder*; e, assim também, concedeu a todos os homens o *dominium*, ou dominação sobre as criaturas inferiores.

Ademais, não existem apenas leis *preceptivas* (que nos prescrevem amar a Deus e a nosso próximo) ou *interditivas* (da idolatria, do homicídio etc.), mas também leis *permissivas*: cujo efeito será deixar liberdade de conduta em certas áreas. Da própria *ausência* de leis perceptivas ou interditivas, resulta para os homens uma *liberdade* de agir como queiram. O que não é proibido deve ser permitido. Assim nasce o direito subjetivo, esse "poder" (no sentido de *dürfen*, ter permissão), licença, liberdade. É o segundo sentido que a palavra *jus* vai revestir na linguagem moderna.

Duns Escoto e Ockham sobre o direito

Relativamente raras são as incursões de Duns Escoto no terreno do direito, pelo que sabemos. Encontraremos, porém, páginas sugestivas sobre os direitos de propriedade e de poder público.

As coisas materiais foram de início comuns. Mas Escoto admite que a lei divina concede aos homens a "licença" (*concessa licentia appropriendi et distinguendi communia*) de proceder à distinção das propriedades; para atingir esse alvo, eleger (*ex communi consensu et electione*) príncipes temporais, encarregados de operar essa divisão. Já é o esquema do *Contrato social* (*Opus oxoniense*, IV, 12, 2).

Pelo que eu saiba, aliás, Escoto não tinha o gosto de aventurar-se nos problemas jurídicos. Diferente é o caso de Guilherme de Ockham, que as circunstâncias de uma vida agitada obrigaram a se rebaixar a eles. Ele teve de defender contra o papado a tese franciscana (levada ao extremo no partido dos espirituais) de que os frades irmãos mendicantes estão fora do direito; que lhes é permitido renunciar a serem detentores de *direitos*. É isso que o conduz a construir uma definição e uma filosofia do direito.

Ockham só poderia pensar o direito enquanto moralista, como permissão e poder de *agir*. Retoma a tese de Escoto. Do silêncio da lei divina, deduzir-se-á que Deus deixa ao homem uma *liberdade* original; liberdade de eleger chefes (ou seja, no temporal, o imperador). Na Igreja, o Papa (que devia ser um eleito da diocese de Roma). O príncipe temporal distribui aos particulares *jura fori*, que terão a superioridade de ser sancionados por seus *tribunais* (*fora*). A esse propósito é-nos oferecida uma definição do *jus utendi*: poder de usar uma coisa exterior e, se nos achamos despossuídos dela, processar seu adversário perante a justiça temporal.

Jus utendi est potestas licita, utendi re extrinseca... et si privatus fuerit, privantem poterit in judicio convenire (*Opus nonaginta dierum*, ed. Goldast, p. 304). Quem poderia então impedir os monges franciscanos de abster-se de serem candidatos à distribuição das coisas e de renunciar ao poder (*jus*), de reivindicá-las na justiça (*potestas... vindicandi et defendendi in judicio humano, ibid.*, p. 308)?

Curiosa filosofia do direito! Ela visa provar que o direito é coisa desdenhável, que é preferível passar sem ele, e que ele não é para todos os homens!

Todavia, essa conclusão de Ockham vale unicamente para o que ele nomeia os *jura fori*. Preste-se atenção que ele começou fundamentando sua demonstração na existência de liberdades concedidas pela lei divina (ou pelo silêncio da lei divina). Essas liberdades são para todos, está fora de cogitação, para um franciscano, renunciar à permissão de comer, de se vestir, de praticar sobre as coisas um "uso de fato" (*usus facti*)... Ora, elas também, na linguagem de Guilherme de Ockham, são denominadas direitos: *jura poli*, porque as recebemos do Céu (*polus* – termo tirado de Santo Agostinho), que não podem ser reivindicados perante os tribunais do príncipe temporal, portanto não inteiramente direitos no sentido próprio (*ibid.*, pp. 114-31).

Guilherme de Ockham tem o mérito de estar consciente de que esses "direitos" não são *exigíveis*. Mas Deus os deu a todos, e ninguém pode abdicá-los. Antes de existir o termo, inferidos da lei divina moral que é universal, já são "direitos humanos"...

O escotismo e o nominalismo se espalharam na maioria das faculdades de teologia da Baixa Idade Média, e nelas se instalou essa nova linguagem. Lutero, Hobbes serão ockhamianos. Antes deles o chanceler

Gerson, impregnado de nominalismo, formalizou uma definição da palavra *jus*, que é muito ockhamiana (*De ecclesiastica potestate*, 13; *De vita spirituali*, lição 3). O tema da liberdade do cristão, liberto da Lei, foi muito cultivado até o século XVI (Erasmo, Driedo etc.).

Continua improvável que essas obras de teólogos tenham invadido, na Idade Média, as faculdades de direito civil, ou decidido os juristas a mudar de linguagem...

Segunda escolástica

Uma segunda época de progresso da escolástica é o século XVI, mormente na Espanha. Os teólogos espanhóis se imiscuíram muito mais que Escoto e Guilherme de Ockham no direito e na política. Vão ser, como todos sabem, os fundadores do *jus gentium*: futuro "direito internacional", resposta às necessidades da Europa moderna – pois a fratura da cristandade e a divisão das colônias multiplicaram as guerras.

Daí saíram enormes obras de teologia sobre o direito: Vitoria, De Soto, Molina, Suarez etc. Eles constituirão a fonte imediata dos sistemas da Escola Moderna de direito natural. No topo dessa obra coletiva está o grosso tratado de Suarez: *De legibus ac Deo legislatore* (1612). A doutrina deles, diferentemente das teologias de Escoto ou de Ockham, devia ganhar as Faculdades de Direito.

É difícil classificar esses autores. Os escolásticos espanhóis, tanto dominicanos (Vitoria, De Soto) como jesuítas (Suarez, Molina), se empenharam em romper com o sistema de Guilherme de Ockham do qual parecia derivar o protestantismo, sobretudo de Lutero. Reintroduziram a leitura e o comentário da *Suma teológica* em suas Faculdades – porém mais os *Comentários* que a leitura.

Granjearam a reputação de ser seus fiéis continuadores. O próprio Maritain acreditou dever abordar a *Suma* deixando-se guiar com freqüência pelas paráfrases da *Segunda Escolástica*.

Mas que esses espanhóis tenham seguido a linha de Santo Tomás é extremamente contestável. É errado que tenham aderido à maior parte de suas idéias, no setor que nos interessa. Usando um método dialético muito degenerado, associaram aos textos da *Suma* outras "autoridades" na moda. O resultado é uma mistura, uma combinação entre escotismo, nominalismo e teologia de Santo Tomás. Um bricabraque. Pouco lhes importa serem incoerentes. São *pragmáticos*: influentes, ouvidos pelos príncipes, visam a um objetivo prático. Ajustaram Santo Tomás à causa do restabelecimento de uma ordem monárquica e romana e, traindo o espírito de pesquisa que caracterizava a *Suma*, puseram no lugar um sistema dogmático rígido, criando o "tomismo".

Por certo reabilitaram a filosofia de Aristóteles e de outros autores da Antiguidade. Participam do humanismo, tiram partido da redescoberta dos moralistas estóicos e do platonismo. Fiéis ainda a Santo Tomás, na medida em que dão atenção ao direito. Mas Santo Tomás devolvera a autonomia à arte jurídica, que ele queria profana. Os escolásticos espanhóis serão mais pretensiosos.

Enquanto Santo Tomás redescobriu o conceito do direito da jurisprudência clássica, eles vão adotar a definição das escolas da Baixa Idade Média, centrada na *lei*. No tratado *De legibus ac Deo legislatore*, Suarez escreve: Falarei do *jus* atribuindo-lhe seu sentido próprio, que faz dele o sinônimo de *lex* (*De jure in... propria significatione generaliter loquimur sicque cum lege convertitur, De legibus*, I, 2).

E a lei, regra de conduta (esses jesuítas são confessores e diretores espirituais – excelentes também na casuística), ao termo de discussões embaralhadas é para Suarez o mandamento de um legislador. O primeiro legislador é Deus (*De Deo legislatore*); a suprema lei, a lei divina, da qual a lei natural "inserida em nossos corações" é uma dependência, e as leis humanas, prolongamentos. O que autoriza os teólogos a arrogar-se um poder de alta vigilância sobre a ciência do direito (cf. o Prefácio orgulhoso do *De legibus*). Nada mais contrário às intenções de Tomás de Aquino que essa forma de clericalismo.

À palavra *jus* está também atribuído o sentido de "faculdade", licença de realizar esta ou aquela conduta, porque essa conduta é mandada, ou concedida, por uma *lei*. E copiam-se as definições de Gerson e de teólogos da mesma escola. Ei-las tornadas lugares-comuns. São quase as mesmas formulações usadas por Vitoria, De Soto, Molina, quando definem o direito.

Voltemos aos direitos humanos. Essa teologia católica foi o lugar de seu nascimento? Alguns historiadores o sustentaram, dando como prova a teoria do *dominium*.

A tese do domínio natural

A palavra *dominium* (francês "*domaine*" – deriva dela a noção do direito moderno de propriedade, "direito do homem") – pertence ao vocabulário jurídico, mas o ultrapassa: o *dominium* é também dominação e governo das famílias e dos Estados, realeza, poder, domínio senhorial. César foi chamado *dominus* do Império Romano (*supra*, p. 124).

Para os clérigos, independentemente das fontes pagãs, o *dominium* é um tema *teológico*: tirado da Gênese, texto citado. Deus disse ao homem: "*Dominai* os peixes do mar, os pássaros do céu, todos os animais que rastejam na terra" etc. *"Dominabini piscibus"*... Poucos textos foram tão comentados como as primeiras páginas da Gênese. A doutrina cristã extrai delas uma teoria sobre a origem e a extensão do *dominium*. Proponho este esquema sumário:

O *Dominium* no início pertence a Deus. Deus é Senhor, o único Senhor, *Tu solus Dominus*. Depois, criando o homem, Deus concede-lhe uma porção de *dominium*: origem do domínio humano.

Tema tradicional: percorre toda a história da teologia, sem que ela tenha de fazer referência ao *Corpus Juris Civilis*. Depois de Santo Tomás, Duns Escoto e Ockham trataram dele (*supra*, p. 129). Está em lugar proeminente nos livros da escolástica espanhola. O melhor exemplo é a síntese do dominicano De Soto: *Releccion de Dominio* (1535).

Sobretudo, *quem* pode ser *dominus*, sujeito de *dominium*? Um autor do século XVI, *Armachanus* (Richard *Fitz-Ralph*), seguido por *Wycliff* avançara a tese extremista, agostiniana, se não conforme ao pensamento de Santo Agostinho, de que apenas um cristão em "estado de graça" seria capaz de *dominium*: o homem o teria perdido pelo pecado, e recuperado pelo batismo e pela graça cristã. Mais uma vez, não se trata apenas de um domínio sobre as coisas, mas também de poder público.

A questão encontra no século XVI um novo período de atualidade, desde que ficou na ordem do dia o estatuto dos *indígenas*. Já seriam eles titulares de poderes de soberania sobre as coisas ou as pessoas, dos quais os conquistadores espanhóis os espoliaram? Ou devem absolver os espanhóis pela única razão que lidavam com infiéis? O caso preocupa os dominicanos, defensores – como foi Las Casas por seus atos, outros verbalmente – das populações indígenas.

A resposta não deixa dúvida nenhuma. Fora essa a de Gerson em suas duas obras referentes ao direito, contra Fitz-Ralph; de Santo Tomás, quando tratava da condição dos infiéis: Deus na Gênese concedeu o *dominium a todos* os homens. Em termos escolásticos, o *dominium* é fruto da lei natural. É um atributo da natureza humana, tal como Deus a criou. A lei nova não lhe tocou. *Todos* os homens se beneficiam dele.

Será o conceito dos direitos humanos? Aproximamo-nos dele: acabo de lembrar que a *Segunda Escolástica* falava uma linguagem confusa, herdada do agostinismo. Da palavra *dominium*, contrariamente ao *Corpus Juris Civilis* (*supra*, pp. 78-9), ela faz freqüentemente o sinônimo de *jus* (De Soto, *De Dominio*, ed. Prats, pp. 72 ss.). Se os *dominia* são para todos os homens, vamos nomear "direitos do homem", *jura hominum*?

Os teólogos espanhóis evitaram dar esse passo. Não tinham perdido totalmente a consciência dessa especificidade do direito que Aristóteles havia descoberto. A justiça divina, que ordena o mundo, deu ao Homem primazia sobre as criaturas inferiores. Mas cumprirá dizer que o Homem tenha um *direito* com relação aos animais, às plantas e às coisas? Não há processo entre o homem e os peixes e os pássaros!

Que importam ao jurista esses problemas de *antropologia* geral? O jurista não tem de se ocupar com o ordenamento hierárquico dos seres no seio do cosmos, com essas relações *verticais* entre o homem e as coisas. As relações do direito são *horizontais*: como a justiça "particular", o direito só intervém no nível dos homens, para pôr fim a seus litígios. Homens que disputam entre si a partilha das coisas pedem ao juiz que mensure a parte de cada um, o que é próprio de cada um; suas respectivas *propriedades*. Eis o que interessa à arte do direito.

Santo Tomás tomara o cuidado de separar bem a questão antropológica, do *dominium* (IIa, IIae, questão 66, art. I), daquela concernente à *proprietas* (*ibid.*, art. 2); Vitoria, Suarez, De Soto fazem o mesmo. Quando chegam a tratar da origem da distinção entre o "meu" e o "teu" (De Soto, pp. 144 ss.) – das coisas próprias de cada jurisdicionado –, param de se referir à lei natural comum; Deus concedeu o *Dominium* à Humanidade, coletivamente: de sorte que, na origem, todas as coisas eram comuns. E sua divisão, a *distinctio possessionum,* não vem de Deus, nem da "natureza"; é de "direito humano", de *direito civil.* É a doutrina tradicional fortalecida a um só tempo pela autoridade de Santo Tomás e de Santo Agostinho, dos estóicos e do *Digesto;* que um dia veremos combatida por Locke; da qual a Escolástica espanhola não quis dissociar-se. Esse *direito* por excelência, protótipo do direito subjetivo – a propriedade – não existe para todos os homens[1].

A própria expressão "direitos humanos" ficou, pelo que eu saiba, ausente dessa literatura. Claro, os escolásticos espanhóis tinham grande vontade de impor aos juristas a teologia deles e a ditadura de uma lei natural moral, mas para delas tirar *deveres,* obrigações ao encargo do indivíduo. Eram agentes da *ordem.* Quanto a deduzir da dignidade infinita da natureza humana os "direitos" do homem, eles não estão prontos para isso, pois não têm o gosto pela anarquia. Também por causa de seu apego à tradição: ainda se parecem demais com Santo Tomás.

---

1. O conceito liberal moderno de "propriedade" (art. 544 do Código Civil francês) nascerá, ao contrário, da fusão da doutrina teológica do *dominium* e da noção jurídica romana de *proprietas* (*res*). Veremos mais adiante como Locke mescla astuciosamente, contra qualquer lógica, os dois conceitos (*infra,* p. 155).

Não parece que o catolicismo tenha sido o berço dos direitos humanos. Lembro que o papado, até uma época muito recente (salvo erro, até João XXIII), permaneceu constante em sua atitude de hostilidade aos "direitos humanos".

9. Nascimento e proliferação dos direitos humanos no século XVII

Os direitos humanos foram o produto da filosofia moderna, surgida no século XVII. Desde o final da Idade Média, com o progresso da burguesia, a cultura emigrara do mundo clerical universitário para os laicos. Assim renasce uma *filosofia*, no sentido pleno do termo, entendo livre do controle das faculdades de Teologia. Isso não impede que essa filosofia – denominada "moderna" na medida em que se opõe à filosofia pagã clássica da Antiguidade – seja filha, herdeira e continuadora da teologia cristã.

Não é verdade que a cultura da Europa moderna foi radicalmente "secularizada". Por certo voltou aos autores antigos ressuscitados pelo humanismo: Platão, Epicuro e, sobretudo, os moralistas estóicos. Isso mesmo estava na linha da teologia tomista. Mas os grandes filósofos modernos pretendiam pensar em concordância com o dogma cristão. E, como Santo Tomás em sua *Suma* tratara "de todas as coisas com relação a Deus", *omnia sub ratione Dei*, Descartes, Espinosa, Leibniz fizeram de Deus a pedra angular de seus sistemas. Mesma observação sobre os construtores da política e do direito modernos: Grócio, Hobbes, Selden, Cumberland, Pufendorf, Leibniz, Locke etc. Todos escreveram alguma obra de teologia. Nós os trairíamos ignorando-lhes a dependência para com a Santa

Escritura. Os direitos humanos têm como primeira fonte uma teologia cristã. Mas uma teologia *desviada*, de um tríplice ponto de vista.

a) Primeiro, sobre o fundo. Cerca da metade da Europa, em particular a Inglaterra protestante, rompe com Roma. O desprezo da tradição não é muito menor entre os filósofos dos países que continuaram católicos.

Em suma, tratar-se-á mormente de uma teologia de *laicos*, e a teologia laica não é forçosamente a melhor. O que resta, notava Pascal, em Descartes, do Deus de Abraão, de Isaac e de Jacó? Quão pobre, para um cristão, o Deus que Leibniz reduziu a dois axiomas racionais! A filosofia dos modernos se inclina ao deísmo: a Cristo vem substituir-se o Deus produzido pela razão do Homem.

Anuncia-se a religião futura, a de Auguste Comte, ou de Marx, da Europa contemporânea: religião do Homem sem Deus, transferência para o Homem da adoração conferida anteriormente a Deus. Mas glorificar o Homem, o Progresso da história humana, forjar a nova Trindade expressa por estas três palavras: Liberdade, Igualdade e Fraternidade, talvez seja uma conseqüência da mensagem do Evangelho? Não é certo...

b) Desviada também quanto à *forma*. Ora, é perigoso, em teologia, abusar da lógica e do espírito sistemático. Os Padres da Igreja *meditavam* sobre a Santa Escritura, sem exercer em demasia a lógica formal, da qual só podem sair heresias (tal como fora a heresia ariana). As parábolas evangélicas não se prestam bem às raciocinações. A linguagem delas não é científica.

Os séculos XII e XIII, sobretudo Santo Tomás, que erigiram a teologia na posição de uma "arte" organizada (de uma "ciência", escreve o P. Chenu), haviam lhe introduzido o método dialético dos clássicos gregos que pensavam mais por problemas, cotejo de pontos de vista – de baixo para cima, considerando a "Física" antes da Metafísica –, observando primeiro o concreto e as realidades sensíveis para delas extrair abstrações, e sem redundar em sistemas fechados. A filosofia de Aristóteles se constituíra assim. Santo Tomás usou na *Suma* os mesmos procedimentos de pesquisa ascendente.

Já por ocasião da reação dos séculos XIV e XV, inicia-se uma mudança de método numa nova geração de teólogos. Parece-lhes que a teologia deva praticar o percurso inverso: menos indutivo que dedutivo. As verdades teológicas vêm do alto, dos textos revelados da Palavra divina. Vimos Escoto e Ockham fundamentar sua moral no texto da lei divina, mandamento positivo de Deus, deduzir dele o conjunto dos preceitos, proibições e permissões que ordenam a conduta humana. Esse tempo viu o progresso da lógica formal: da lógica de Aristóteles, extraiu-se apenas (tirada das *Analíticas*) sua teoria da dedução rigorosa, do "silogismo científico". Para essa forma nova tendia a teologia da Baixa Idade Média.

Pior, a Segunda Escolástica, cujo gosto pelos sistemas dedutivos os modernos vão herdar. Ainda que se tenha conferido a aparência da fidelidade ao antigo método dialético, os espanhóis o perverteram. Construíram uma doutrina apriorística que procede por via descendente dos princípios às conseqüências. *Sistemática*. As faculdades de teologia do século XVI têm propensão para se imiscuir em tudo (filosofia, direito e astronomia) em nome do dogma, é um efeito do orgulho clerical, da pretensão clerical a tudo dirigir. Sob a dependência dos teólogos, já se anuncia o empreendimento que mais tarde Descartes sonhará realizar: a unificação das diversas ciências num sistema monolítico.

Perderam as *distinções* que a filosofia clássica havia estabelecido, e a autonomia das diferentes artes. Os espanhóis se empenharam em encaixá-las umas nas outras. A própria ordem delas é invertida. Já que se procede *a priori* por dedução do geral ao particular, a *Metafísica* daí em diante precede a física e a moral: vão extraí-la dos princípios da "lei natural", futuros princípios da Razão inseridos na natureza do homem, tal como Deus o criou. Da moral decorre o *direito*; eu já disse, em capítulo anterior, como Suarez, no *De legibus*, sujeitou a ciência do direito à lei moral.

Os antigos haviam reconhecido a especificidade do direito, atribuindo-lhe uma fonte própria: a observação das relações entre homens na cidade. Eis que agora começa-se a *deduzir* o direito, por intermédio da moral, de uma definição da essência genérica do Homem.

c) Terceiro aspecto da decadência dessa teologia. Ela ignorou o que é a peculiaridade da filosofia e da qual a *Suma teológica* tirava a sua beleza, o espírito de pura pesquisa da verdade. A atitude desinteressada que os filósofos gregos haviam adotado é excepcional, mesmo entre os "teólogos".

Não se vê que o Evangelho o tenha especialmente recomendado: a moral cristã recomenda o amor e, talvez, de preferência às especulações da filosofia, a *ação* caridosa. A teologia franciscana reagira já no tempo de Santo Tomás contra seu intelectualismo: a ordem franciscana, que seu fundador não destinava aos estudos, voltara-se para a oração e as boas obras. Um texto célebre de Roger Bacon (religioso franciscano) pede aos filósofos que construam máquinas úteis em vez de vãs especulações.

Escoto e Ockham são franciscanos. Não desprezavam os estudos, mas sua moral se orientava para o culto de Deus e para o serviço dos indivíduos: para o nominalismo existem apenas indivíduos. Para que serviria desgastar-se em compreender uma "ordem natural" na qual se deixou de acreditar?

Quanto aos escolásticos espanhóis, havíamos caracterizado o espírito deles por seu *pragmatismo*. Esses teólogos se querem úteis. A quê? Não diremos ao Homem, ou a todos os homens: essa expressão nada significa. A utilidade, tal como a entendemos hoje, visa a objetivos mais determinados. Eles servem a causas limitadas e circunstanciais, como a dos indígenas.

Foram eficazes: na Espanha, onde o rei seguia-lhes a opinião, e na Europa inteira. Mas foi justamente em razão do pragmatismo deles, porque visavam soluções aos problemas próprios dos séculos XVI e XVII (construção do Império das Índias, guerras coloniais, necessidade de pôr fim às desordens e à anarquia nascidas das dissensões religiosas), que a obra deles nos pareceu intelectualmente inferior à de Santo Tomás. Nela não se encontram o rigor e a honestidade, a lucidez, a paixão pela verdade, nem o alcance universal da *Suma teológica*. A teologia da *Suma* é digna de atravessar os séculos, porque independente de qualquer causa temporal.

Essa vontade de ser útil e de pôr os estudos a serviço da vida prática parece ter-se transmitido aos filósofos da época moderna, nisso ainda herdeiros de uma *teologia*. Pelo menos, à maioria deles: a Francis Bacon, a Descartes (inventor da famosa frase de que a ciência visa à dominação do homem sobre a natureza), ou certamente a Leibniz. Entra-se na era da Técnica e da ciência utilitária. Ela constrói, enfim, essas máquinas com que no século XIII sonhara Roger Bacon.

Não menos pragmáticos são os inventores da filosofia política e do direito moderno, tais como o bispo Richard

Cumberland, grande teólogo do utilitarismo, Selden, Hobbes ou Locke. Tomaremos o cuidado de não ser enganados por suas construções ideológicas (os Tempos Modernos também são a era do florescimento dos sistemas *ideológicos*). Elas foram feitas para servir, cada uma delas, a um partido político específico, mas têm a arte de o dissimular. E, quiçá, deu-se o mesmo com a teoria dos "direitos humanos".

À qual chegamos. Eles surgem, pelo que eu saiba, no século XVII – sob a pena sobretudo de escritores ingleses, numa doutrina *filosófica* secularizada, mas de modo algum subtraída à hegemonia da fé cristã. Cumpre remontar a esse momento de sua invenção a fim de apreender de onde saíram, para servir a quê.

A fundação

Leviatã, cap. XIV, início
"The right of nature which writers commonly call Jus naturale, is the Liberty each man hath to use of his own power, as he will himself, for the preservation of his own Nature, that is to say of his own Life, and consequently of doing anything which in his own Judgement and Reason he shall conceive to be the aptest means thereunto."

(O *direito* subjetivo natural – que os escritores têm o hábito de chamar de *jus naturale* – é a liberdade que todo homem possui (*each man*) de usar seu poder próprio como ele mesmo quiser etc.)

Este texto extraído de *Leviatã* (1651) é o primeiro, que eu saiba, no qual está definido o "direito do homem". Não afirmaremos que Hobbes tenha sido o inventor do termo. Mas que em sua obra aparecem em plena luz suas fontes, seu conteúdo e sua função original.

Fontes

Algumas palavras, primeiro, sobre o autor. Faz uns trinta anos que floresce sobre o sistema de Hobbes uma literatura superabundante. É, diz o editor Macpherson, que nosso mundo moderno em crise descobre nessa filosofia as chaves de sua ordem e de sua linguagem.

Ele foi o fundador da Política moderna e o destruidor da de Aristóteles. Profeta também da ciência *jurídica* moderna, cujos princípios estabeleceu. Sua política foi publicada primeiro com o título *Elements of Law*.

No entanto, por sua educação, ele não era em absoluto jurista. Seu pensamento se alimenta alhures. Como em geral a elite de seu tempo, humanista, ele se nutria de autores literários gregos e romanos, envolvido no desenvolvimento da ciência moderna, apaixonado por Euclides. A redescoberta do *Tratado* de Euclides foi para os filósofos modernos um acontecimento cardinal, dele extraíram uma nova arte da dedução, manejando-a acabaram a transformação da filosofia em *sistema*, esforçando-se em reconstruí-la em todas as suas partes: a Física, a Ética, a Metafísica; chegará um dia em que o próprio Direito não escapará a essa moda. Segundo "a ordem" geométrica.

Não menos fanático por *teologia*, ainda que seu materialismo aparentemente não combinasse com a fé cristã. Mas o fato é que uma boa metade de suas obras políticas versa sobre questões religiosas, que nelas encontramos uma exposição de sua fé pessoal, que sua linguagem é impregnada de reminiscências da Santa Escritura.

Sobre o direito civil – o direito romano –, sua informação é medíocre. Tive o cuidado de verificá-lo, seja no *Leviatã* (a análise apresentada do *contrato*, a propósito do contrato social, contém um pouco do direito canônico, da moral cristão-estóica, da idéia bíblica da Aliança, *co-*

venant, mas é totalmente alheia à tradição jurídica), seja na obra póstuma *Dialogue Between a Philosopher and a Student of the Common Laws of England*.

Nada mais favorável à criação de uma linguagem jurídica nova que essa esplêndida ignorância do *Corpus Juris Civilis*. Nós o havíamos dito a propósito de Guilherme de Ockham. E a observação é válida sobre a maior parte dos autores da Escola Moderna do Direito Natural, em geral professores de moral, de *philosophia moralis*, de teologia, mais que juristas de formação. Os "direitos humanos" são uma obra de *não-juristas*.

O direito humano

Voltemos ao texto. Ele está situado no *Leviatã*, num ponto de articulação do sistema, quase no final da primeira parte, que trata do Homem, *De homine*.

A *Natureza do homem*: na Escola Moderna de Direito Natural, vai tornar-se comum edificar o direito sobre esse fundamento. A teologia medieval remontava a Deus, à Santa Escritura. Hobbes não se sente obrigado a isso. Os escolásticos espanhóis mostraram-lhe o caminho: contrariamente a Santo Tomás, eles haviam forjado uma separação entre a "sobrenatureza" (os fins sobrenaturais do Homem, aos quais a Revelação e a Graça dariam acesso) e a "natureza pura" (*natura pura*) do homem tal como Deus o teria criado originariamente, com a qual os filósofos poderiam contentar-se em trabalhar.

Em seu *Tratado das leis*, Suarez deduzia de preferência o direito da "*lei* natural" inserida (pelo legislador divino) na "natureza" comum do "homem"; dela ele tirara antes *deveres* que direitos. A maneira de Hobbes é muito diferente: antes de abordar a noção confusa de *lei* natural, ele parte do *homem*, pura e simplesmente.

Mas, como se trata de construir uma doutrina social, ele tem de logo descrever o modo como se encontram, coexistem, *uns* homens, no *estado de natureza*. Não há a menor dúvida de que a expressão "estado de natureza" foi copiada por Hobbes do vocabulário da teologia (*supra*, p. 128); enriquece-a de referências ao antigo mito greco-romano da idade de ouro, sobretudo à famosa pintura feita por Lucrécio da vida primitiva dos homens. Tema muito em voga no início do século XVII. Ele adquire, com Hobbes, um valor novo.

Ele vai revestir a função de uma hipótese *científica*. Hobbes pretende seguir o método "resolutivo-compositivo" aprendido na escola de Pádua, junto a Galileu. O sábio começa por reduzir a realidade, mediante análise, a elementos simples; depois a reconstrói, mediante síntese. Assim os matemáticos constroem figuras a partir de linhas.

Ele concebe um "estado de natureza" feito de uma poeira de homens isolados, e a sociedade, as instituições serão reconstruídas a partir dos homens. Inversão da filosofia de Aristóteles. Pois Aristóteles observa na "natureza" homens encerrados em grupos sociais; o homem, dizia ele, é naturalmente "político" (*Zôon politikón*). Hobbes, impregnado da lógica de Guilherme de Ockham, partidário do nominalismo, nela só encontrará indivíduos, mas providos de uma "natureza" comum (*supra*, p. 125); naturalmente iguais e livres, subtraídos a qualquer hierarquia. É um *leitmotiv* dos teólogos, que o renascimento da filosofia estóica vem reforçar.

"*Os homens nasceram iguais e livres.*" Podemos ficar surpresos que uma imagem tão contrária às realidades, tão deliberadamente fictícia de nossa condição "natural", ainda perdure em nosso subconsciente e esteja inscrita, em pleno século XX, na primeira linha das *Declarações dos Direitos Humanos*.

Pois ela é a fonte do "direito humano", de seu "direito *natural*" (*jus naturale*). O que se torna, nessa hipótese, o direito de cada indivíduo, *isso* que se lhe deve atribuir (*suum jus cuique tribuendum*)? Logicamente, a "liberdade", já que nesse "estado de natureza" supõe-se que nenhuma lei restrinja a liberdade do indivíduo. A noção hobbesiana do direito vincula-se à tradição de Gerson e de Guilherme de Ockham (*supra*, p. 126), que reduz o direito à moral, ou à ausência de lei moral geradora de liberdades. O direito é licença, permissão de agir (*of doing*). Observemos a distância que separa esse "direito natural" do *dominium naturale* dos escolásticos espanhóis (*supra*, pp. 133-4). O *dominium* é um poder de governo outorgado por Deus, fração de potência concedida aos homens. O *jus naturale* de Hobbes é desdobramento da ação livre do indivíduo que nenhuma lei vem entravar: emanação do próprio sujeito, autêntico *direito subjetivo*. Todo homem o possui por si só.

O *dominium* dos escolásticos não era direito *individual*; era à humanidade inteira que Deus conferia uma dominação sobre as criaturas inferiores. Claro, advinha que o *dominium* se encontrasse em seguida distribuído a este ou àquele particular. Isso não significava em absoluto que o fosse a todos; os dominicanos haviam afirmado que os indígenas eram capazes dele, não que todo indígena fosse de fato seu titular.

Derradeira característica. O direito natural, diz o texto, é *absoluto*: liberdade que o indivíduo tem "de usar como ele mesmo quer seu próprio poder com vistas à preservação de sua própria natureza, ou seja, de sua própria vida; em conseqüência, de fazer tudo o que, de seu próprio juízo, e por sua razão natural, ele imagina de fato serem os meios mais eficientes". A liberdade do sujeito é ilimitada: no ponto em que falta qualquer proibição ou obrigação (na ausência de uma lei comum), é *permitido* ao sujeito agir como quiser. Ele só sofre limite do interior, da Razão subjetiva do indivíduo. Toda liberdade é, por essência, indeterminada, *infinita*. Esse é o direito que Hobbes reconhece pertencer a todos os homens (*what each man hath*), direito do homem – o único, aliás, cuja existência tenha sido provada... no hipotético "estado de natureza".

Conseqüências

Mas aonde isso nos conduz? E para chegar nisso em que Hobbes baseou o direito do homem? É de admirar o rigor com que ele deduz daí as seqüências lógicas.

São bem conhecidas: num primeiro tempo (ficamos aqui no "estado de natureza"), o direito do homem produz a anarquia. Cada indivíduo, motivado por seu apetite de conservação, usando livremente *of his own power for the preservation of his own nature, and that is to say of his own life*, desfrutando no estado de natureza uma liberdade indefinida, tendo direito a tudo (*jus omnium in omnia*), as ações de uns e outros colidem no mesmo objeto. Cada qual se arma contra seu vizinho. O estado de natureza é estado de *guerra* endêmica; estado insuportável. No qual se arrisca sempre a recair, pois basta que desapareça a obediência ao soberano, que um Estado se dissolva, para que reencontremos o estado de natureza. A prova, os espetáculos das guerras civis, das quais Hobbes foi testemunha. A guerra perpétua de todos contra todos, a insegurança, o medo, a miséria, aí está o *primeiro fruto do direito do homem*. (Não falta lucidez nisso.)

O direito humano traz em si mesmo um remédio a esses males: a *Razão*, uma vez que se supõe que o homem deve fazer uso de sua liberdade *in his own judgement and Reason*. Razão de cada qual, calculadora de seu interesse, bem entendido. O que lhe ditaria ela? Sair do estado de guerra, da insegurança; buscar a Paz com seus semelhantes: é a "primeira lei natural" que a Razão vai produzir. Hobbes nota aqui a concordância de sua doutrina com o Evangelho, onde essa lei se encontra sublimada, mas confirmada por Jesus Cristo.

Em seguida a Razão nos traz o "meio mais apto" para criar a Paz (*the aptest means he shall conceive thereunto*): o *contrato*. Trata-se do contrato tal como o entendiam os teólogos ou os canonistas, ou os moralistas estóicos, de modo algum os juristas romanos. Uma segunda lei natural impele o homem a manter suas promessas. Resta-nos inventar a forma mais eficaz de contrato. Não existe mais do que uma: submeter-se de comum acordo, fazendo-lhe o sacrifício de nossas liberdades, à força de um poder soberano que instituirá a ordem e a paz – "Deus mortal", imagem na terra do soberano onipotente do reino do céu. Só Ele conservará seu direito natural, direito ilimitado; e a conclusão é o absolutismo, no estado civil em que entramos.

Outras conclusões? Tudo o que nos impregna as estruturas mentais, e a linguagem atual das Faculdades de Direito, pois esse sistema triunfou com todas as suas conseqüências:

Dogma da *soberania* dos poderes públicos, supostamente oriundos do contrato, do consentimento democrático dos sujeitados.

Positivismo jurídico. No estado civil o soberano fará a ordem, o direito, por suas *leis*; as leis civis têm a vantagem de ser seguidas de *sanções*. O direito se identifica às leis, mandamentos, regras de conduta ditadas pelo Estado e por ele acompanhadas de coerção. Hobbes tomou o cuidado de negar-lhe expressamente qualquer outra fonte. Ele traduz (e por certo erradamente) o termo inglês *law*, que significa direito objetivo, pela palavra latina *lex*. Até o direito romano, do qual vimos que não era constituído de leis, será denominado *Roman Law*.

Sistema dos *direitos subjetivos*. Pois, para aumentar a riqueza e a força de seu reino, ocorrerá que o soberano redistribua a seus súditos parcelas de *liberdades*, dessa vez limitadas no espaço, de sorte que eles possam coexistir – *propriedades*. Para que progrida a economia, ele dará força às promessas dos particulares. Contratos consensuais. Sabemos que Hobbes não conhece outros. Autonomia da vontade nas relações comerciais.

Em suma, os particulares calcularam racionalmente ao criar o Estado. Nele ganharam as condições da prosperidade, da aquisição de direitos subjetivos dessa vez substanciais, eficazes, protegidos pela espada do príncipe.

Isso não impede que esses direitos subjetivos continuem não oponíveis ao Estado. Com relação ao soberano, os súditos estão desarmados, abdicaram de qualquer direito de resistência. Era isso que se precisava demonstrar, uma vez que Hobbes servia a causa dos Stuarts e tinha idéias esquisitas. O todo-poderio do rei se estende a todos os campos, até aos assuntos religiosos, à definição do dogma (pela qual será dado um fim às discussões dos teólogos), à educação que ele controlará. De outro modo não podem ser evitadas as guerras civis e a miséria.

São justificados o poder absoluto do príncipe, cumpre dizer mais, se bem que no tempo de Hobbes ainda não se pudesse imaginar Hitler e Stálin, os regimes totalitários. Eis o *segundo fruto do "direito do homem"*. (A lógica de Hobbes continua irrepreensível.)

Metamorfoses

Nesse ponto, o leitor objetará que esses não são os serviços que esperamos dos direitos humanos. Sem dúvida. Teremos de transpor uma etapa nova, seguir a carreira desse conceito. Isso nos dará a ocasião de nos maravilhar com sua maleabilidade, com sua aptidão para se voltar, para se transportar para os mais diversos interesses.

Segunda figura proeminente da filosofia inglesa do século XVII: John Locke, meio século depois. Em seus *Dois tratados sobre o governo*, a afirmação dos direitos do homem é uma constante. As palavras *rights of men* ou *rights of mankind* percorrem o segundo tratado do começo ao fim. Mas Locke retocará o conceito de Hobbes, invertendo-lhe as conseqüências: ele pertencia ao partido contrário, serviu a causa política que acabará prevalecendo. Os *Dois tratados* de Locke foram contemporâneos da *Glorious Revolution* (1ª edição anônima de 1690). Fazia algum tempo que se impunha a necessidade de aprestar uma arma contra o absolutismo.

As circunstâncias

Pois o estatismo, a ascensão do Estado moderno, essa hipertrofia do poder, Hobbes não é, claro, seu autor. Trata-se de um fato histórico de que somente ele se deu conta, proporcionando-lhe fundamentos ideológicos. Entre os burgueses, que, aliás, haviam contribuído para a construção do Estado moderno, assim como na classe dos antigos senhores, esse fenômeno não podia existir sem despertar inquietações.

Eles se vêem entregues ao poder tentacular do Estado que pretendia impor-lhes o culto e os dogmas de sua escolha e, por seu fisco, quando necessário seus confiscos, ameaçava-lhes as propriedades. O positivismo jurídico – redução do direito unicamente às leis ditadas pelo príncipe – ameaçava o direito dos particulares.

Aí, contra, o papel dos juristas foi lembrar a existência de *direitos* oponíveis ao próprio Estado. Não direitos do homem; trata-se (antes do triunfo do positivismo) de direitos de origem jurisprudencial, ou que se contentavam em justificar pelo costume; esses direitos que eram, na Inglaterra, de tempos em tempos reafirmados nos *Bills of Rights*. Os juristas ingleses foram os adversários, Sir Edward Coke à frente, de Hobbes e do absolutismo.

O vício intelectual do tempo é o espírito de sistema; necessidade de *demonstrar*, a exemplo de Euclides, a partir de axiomas. Em vez de se contentar em ver, segundo o conselho de Aristóteles, o *tò hóti*, o que *é* na realidade, obstinam-se em procurar em toda parte o *tò dióti*, o porquê das coisas. Como se só fosse verdade deduzir de princípios primeiros. Explicar a *razão* de tudo é ilusório: pois só é possível fundamentar logicamente uma proposição apoiando-a em axiomas que não foram explicados.

Hobbes, aparentemente, conseguiu demonstrar o absolutismo. Quanto ao direito dos particulares, muitos autores empreenderam a demonstração lógica deles. Bodin, que tem sobretudo a reputação de ser um inventor da soberania, não fora menos cioso da defesa das propriedades dos indivíduos. Tentara deduzi-las da Lei divina. Está escrito: "Não roubarás"; disso se concluirá que o príncipe não deve tocar nas propriedades dos burgueses. Infelizmente, como o vimos, o direito não se deduz da lei divina. Grócio invocava, além da lei moral, o direito das gentes, o consentimento quase unânime e imemorial a essa pretensa regra que teria prescrito respeitar o direito do primeiro ocupante. Assim, a ocupação se torna "fonte original" da propriedade. Mas quantos fracassos! Isso é fictício. Locke, aparentemente, encontra a solução.

Ainda menos que Hobbes, Locke não era jurista. Um homem de bem, à moda do século XVII, autor polígrafo, que escrevia sobre a religião, a economia, a educação, a medicina, o progresso das ciências e sobre os meios e limites do *Entendimento humano* (*Essay on Human Understanding*).

Com fortes laivos de *teologia*, ele escrevera *Ensaios sobre a lei natural*, editados no século XX, que ainda traz um cunho escolástico. Gostava de se louvar em Richard Hooker, que ele denomina *the judicious Hooker*, um teólogo anglicano do início do século. Uma de suas grandes obras tem por título *O caráter racional do cristianismo* (*Reasonableness of Christianity*). Jamais deixará de invocar, além dos argumentos racionais, os que podem ser extraídos no mesmo sentido, porque a Razão acorda com a Fé, da Revelação.

Acrescento que, em seus *Pensamentos sobre a educação*, ele recomendava a todo homem de bem ler Grócio e Pufendorf... E que leu Hobbes. Ele até adotou o sistema de Hobbes: o mito do estado de natureza, o direito natural do homem, eventualmente modificando-o. Espremeu ao máximo a idéia hobbesiana de direito do homem até fazê-la render conclusões opostas às de Hobbes. Não acho que essa reviravolta possa ter ocorrido sem incoerência, Locke não brilhava pela coerência. Tinha outras qualidades. Oferece o modelo consumado do pragmatismo anglo-saxão. Conduz muito bem seu navio e sabe aonde quer conduzi-lo.

Teoria dos direitos do homem

Cabia "a cada homem", segundo o sistema de Hobbes, apenas um *único direito* natural: liberdade total e ilimitada para cada qual agir "segundo seu próprio juízo" – direito de fazer *tudo* que se deduz da ausência de uma lei comum no estado de natureza. Mas impraticável e precário. A guerra perpétua é seu resultado, depois disso o homem se vê conduzido por sua Razão a se destituir de seu direito natural em prol do príncipe. Afinal de contas, o absolutismo.

A arte de Locke estará em inferir da hipótese do estado de natureza, em vez desse direito monolítico, *propriedades*. Consideremos o capítulo V do segundo tratado do governo (*Of property*), que é um ponto capital de sua obra, assim como a definição do *right of nature* nos parecia situada no âmago do sistema de Hobbes.

A *propriedade*, no sentido lato, inclui todo direito individual. Ela é o que é *meu* e como tal deve ser-me atribuído (*suum cuique tribuendum*) como *coisa particular* em relação aos outros, e do que os outros estão excluídos. Sinônimo de direito. Mas inclina-se a reservar o uso dessa palavra aos direitos patrimoniais que incidem sobre "bens", coisas materiais. A propriedade é uma parte das coisas distribuídas num grupo social.

Ora, a doutrina tradicional entendia que a repartição das propriedades não precedesse da "natureza", mas do "direito humano". Para os escolásticos espanhóis (*supra*, p. 135), o *dominium*, esse termo vago que significa poder de governo, é natural, um atributo do homem em geral; ao passo que a partilha das *propriedades* é deixada por Deus à iniciativa dos homens. Hobbes não o contradissera: é somente no estado civil, pela lei positiva do príncipe, que se efetua, segundo o *Leviatã*, a distribuição das propriedades.

Noutros autores – acabamos de dizê-lo – havia emergido o projeto de *fundamentar* as propriedades em "títulos originais", para deixá-los oponíveis ao rei. Haviam tentado diversos expedientes: o de Sir Robert Filmer, alvo principal do *Tratado* de Locke, a exemplo de Bodin, se apóia na Lei divina. O próprio Deus teria dividido a um só tempo os poderes de governo e de propriedade (reunidos sob o termo *dominium*), desde os tempos bíblicos; ter-se-iam transmitido mediante heranças e partilhas dos pais de família...

Locke abrirá um caminho novo, paradoxalmente inspirado em Hobbes; estabelecerá a propriedade sobre a pretensa situação do homem no "estado de natureza". Isso não se dará sem contradições. Ele vai praticar uma hábil mistura do esquema geral de Hobbes e de temas extraídos da escolástica, que não combinam bem. Jogará com a confusão entre *dominium* e propriedade (de sua mescla resultará o "direito de propriedade moderno"). Sua teoria carece de rigor, mas conheceu um imenso sucesso histórico.

No início, o *right of nature*, concebido à maneira de Hobbes, *liberdade* de todos; os homens "nasceram iguais e livres". O estado de natureza é um estado de perfeita liberdade: *a state of perfect freedom*. Todos os indivíduos recebem da natureza o direito de preservar seu ser.

Cap. "*Of Property*", ed. Laslett, p. 327, § 25. Início.
Whether we consider natural Reason, which tells us that men, being once born, have a right to their Preservation, and consequently to Meat and Drink, and such other things, as Nature affords them for their Subsistance: or Revelation, which gives us an account of those Grants Gode made of the World...

Comentário: às reminiscências do sistema de Hobbes (*self-preservation*) já se mesclam os empréstimos à escolástica. Lançando mão de todos os meios, Locke junta aos argumentos tirados da Natureza e da Razão a contribuição da Revelação: portanto, Deus *concedeu* a Terra e as criaturas inferiores à humanidade. O direito do homem já não é somente de fazer (*of doing*) o que lhe é útil, mas, além disso, direito *a* coisas, *to meat and drink, and such other things*. É verdade que se trata aqui de um direito do homem genérico, ainda não de propriedade.

Ibid., § 26.
Though the Earth an all inferior creatures be common to all men, yet every man has a Property on his own Person. This no Body has any Right to but himself. The Labour of his Body and the Work of his hands, we may say, are properly his.

E eis a *propriedade*, que todos têm como coisa própria: *Direito* (*right*) que cabe inicialmente ao indivíduo sobre a "sua pessoa", em conseqüência sobre seu trabalho, sobre suas atividades. Eco da doutrina dos espanhóis, mas nesse local, pelo que eu saiba, eles não falavam de "propriedade". Os escolásticos escreveram que todo homem é senhor de seus atos – *Dominus actuum suorum*. Outra maneira de proclamar, como Hobbes, que ele é *livre*. E isso era apenas um trecho de antropologia. Mas, se o homem, continua Locke, é o senhor e "proprietário" de sua atividade, não vai sê-lo, em conseqüência, dos frutos de seu trabalho?

É a famosa teoria do *valor-trabalho* que Marx retomará no século XIX, para dela tirar outros efeitos. A maioria das riquezas, a colheita de frutos que um selvagem teve o trabalho de colher, as terras que terá desbravado etc. seriam o produto do trabalho do indivíduo. A propriedade de cada um se estende às suas obras, aos resultados de seu trabalho, prolongamento de sua pessoa.

Admiremos em seguida a virtuosidade com que Locke estabelece que a invenção da moeda, do contrato de trabalho assalariado, juntada à herança (sendo o proprietário o senhor absoluto de sua coisa, pode transmiti-la aos filhos), permite ao homem acumular enormes riquezas sobre as quais cumpre desde então reconhecer um *direito natural de propriedade*. Essa famosa "fonte original" da propriedade, em cuja busca os burgueses modernos estavam, nós a teríamos encontrado; não a Lei divina, nem a ocupação – o *trabalho*. (Em apoio dessa teses, foram evocados certos textos jurídicos romanos, que não tinham de modo algum esse alcance em Roma.)

Deixo de lado o caráter sofisticado e especioso da demonstração. Concluamos: a propriedade é um direito do homem, presente já no estado de natureza. Ela terá seu lugar no artigo 17 da Declaração de 1789: "Sendo a propriedade um direito inviolável e sagrado, ninguém pode ser dela privado"etc.

1) Seguir-se-á que o direito do homem unitário de Hobbes se multiplica. As propriedades são múltiplas, e cada uma delas *limitada*.

Não o são em todos os aspectos: Locke não denega ao proprietário o "direito de usar e dispor de sua coisa da maneira mais absoluta" (Código de Napoleão, art. 544): exercício da liberdade infinita do homem no estado de natureza. Mas limitada no espaço, quanto a seu objeto: o campo de que sou proprietário (porque foi desbravado pretensamente por meus antepassados) não é o de meu vizinho. Uma espécie de partilha dos bens exteriores fez-se por si só, em que cada um recebe para sua parte o produto próprio de seu trabalho (ou daquele de um ancestral).

2) A imagem do *estado de natureza* sai transformada daí. Já não é o lugar de violências ao qual conduzia, segundo Hobbes, o direito de todos os homens a toda coisa, *jus omnium in omnia*. Ele pode muito bem ser pacífico.

Nessa fase, um aliado tirado dos clássicos que não pode combinar com os princípios de Hobbes; Locke reintroduz no estado de natureza, acima da Razão de cada indivíduo, uma lei *comum*, que manda aos homens o respeito mútuo de suas propriedades. Eis, para as necessidades da causa, o homem de novo um ser naturalmente sociável...

3) Donde, reformulação das cláusulas do *Contrato social*. Uma vez que o estado de natureza já não é um estado de miséria e guerra permanente, que nele os indivíduos já gozam de propriedades, já não lhes será necessário abdicar de seus direitos. Ao contrário, vão estipular no contrato social a conservação de seus direitos naturais de propriedade. Muito mais! Só recorrem ao contrato social para instituir uma polícia, uma força política, cujo papel será assegurar suas propriedades.

Em comparação ao direito natural unitário de Hobbes, que se estende a tudo mas é impraticável, grande demais para não ser estorvante, os direitos fracionados de propriedade têm o considerável privilégio de ser consolidados, de prolongar-lhes a vida a mais além do hipotético estado de natureza. Conquistaram a atualidade. Ficaram utilizáveis.

Direitos extrapatrimoniais do homem

O capítulo V do segundo tratado não é o único em que Locke enaltece os direitos do homem. Fala deles noutros trechos, mesmo fora dos *Tratados* de governo. Dessa fonte única que a liberdade do indivíduo seria no estado de natureza, ele soube extrair outros direitos, e todos destinados à permanência.

a) A liberdade de consciência, direito de todos de levar a vida de acordo com suas convicções em questão de fé. O homem não vive somente de pão, de propriedade sobre as coisas.

Essa liberdade foi, no início da época moderna, uma primeira reivindicação do indivíduo: dos protestantes nos países que continuaram católicos, e dos católicos onde o príncipe era protestante. Mas expressa de maneira relativamente confusa, e os católicos não se opunham à autoridade da Igreja romana.

No início do século XVII, todos os autores políticos haviam discutido a escolha da autoridade competente em questão de fé: problema de maior importância, pois as dissensões e guerras civis e as guerras internacionais saíram das discussões dos teólogos. Quem terá o direito de decidir sobre o dogma e cultos? *Jus circa sacra. Grócio* e *Hobbes* haviam resolvido o problema atribuindo esse direito ao príncipe temporal.

Os tempos mudaram, Locke põe o ponto final. Sua resposta? Fazer da religião um "assunto privado". Profeta da tolerância, ele se empenha em demonstrar o direito de cada indivíduo a seguir sua consciência. Não é o suficiente: de ensinar e de praticar o culto de sua escolha.

Seja-nos de novo permitido denominar de sofística essa maneira que Locke tem de saltar sub-repticiamente da antropologia ao direito. Pois a liberdade de *consciência* é interior, atributo do *homem*, do qual ninguém pode arrancá-la. Procede, ao contrário, de uma partilha, e não resulta necessariamente da liberdade de consciência, o poder de propagar qualquer profissão de fé que seja.

b) Mas Locke faz mais. É de um modo geral que ele combate pela *liberdade de opinião*. Sua filosofia empirista, antidogmatista, do conhecimento o encaminha a isso. Ela não o afastava somente do racionalismo, do cartesianismo, mas da antiga dialética que, partindo da variedade das opiniões particulares, dos pontos de vista, ainda se esforçava em conciliá-los.

Historiador da formação subjetiva em nós das idéias, Locke já não crê na existência de uma verdade objetiva, que deva ensinar-se. Receio sobretudo que, mais ocupado com problemas econômicos, ela já não o interessa. Como não tolerar em "Metafísica" as mais aberrantes teses, uma vez que ela nada me diz?

A palavra de ordem do liberalismo é: "A cada um a sua verdade!" Saudemos essa maravilha, o "direito ao erro"...

c) Nas últimas páginas do segundo tratado, Locke exaltou o *direito de resistência* dos súditos à tirania, cuja explícita declaração deverá constituir uma das cláusulas do *Contrato social*...

Etc. Acabei de retraçar a gênese em Locke de todos os "direitos do homem", promovidos igualmente a "direitos do cidadão", já que a partir daí eles se conservam no estado civil – com a ajuda da filosofia da história de Rousseau. Os mesmos que encontraremos no texto da Constituinte, *Declaração dos Direitos do Homem e do Cidadão*, art. 2: "O objetivo de toda associação política é a conservação dos direitos naturais e imprescritíveis do homem. Esses direitos são a liberdade, a propriedade e a resistência à 'opressão'."

Conseqüências

Derradeiro ponto: por que e *para quem* essa avalanche de direitos do homem?

Locke é adversário do regime dos Stuarts, e com ele os direitos do homem mudaram de campo. Hobbes os concebeu para os reis, passam para o serviço dos súditos. No seio de nossas democracias ditas ocidentais, eles serão para os cidadãos poderem eleger os governantes, controlar-lhes os atos, limitar a onipotência do *Leviatã*.

Portanto, instrumento de proteção dos indivíduos? De qualquer indivíduo? Não! Não foi esse o propósito de Locke. A menor reprovação que se possa fazer-lhe seria carecer de senso prático. Seus direitos humanos são organizados para o proveito de uma classe social, em cujo lado ele é engajado.

Ignoraríamos que os ricos têm mais condições que os proletários de exercer o *direito de propriedade*? Nada como a explicação da propriedade pelo trabalho para justificar a causa dos ricos: pois a preguiça fez os pobres, a energia, a poupança, os ricos. O direito de cada qual a guardar os frutos de seu trabalho – junto com a herança – produziu a *Desigualdade* das classes sociais. Locke se deu muito bem com isso, e seus discípulos fisiocratas se farão seus apologistas. Esse capítulo central do tratado de Locke, *Of Property*, tem sua razão de ser: a vantagem dos ricos.

Na mesma casta é que, na prática, serão recrutados os usuários da *liberdade de opinião*. Não manda imprimir quem quer, é preciso dinheiro para isso, um certo *standing*. Com a liberdade de expressão, o povo não tem o que fazer, mas aqueles que tiverem abastança suficiente para ter-se propiciado a educação de um *gentleman* e o tempo de escrever; a elite distinta dos "intelectuais". Eles vão se empenhar em difundir seu ceticismo distinto; em questão de fé, seu vago deísmo, logo seu indiferentismo e sua descrença. Há que notar que os católicos estão excluídos dessa liberdade; segundo seu próprio testemunho, só poderiam expressar em matéria de opinião a doutrina autoritária e dogmática de sua Igreja; não há liberdade para os inimigos da Liberdade!

Locke tampouco previa que todos tivessem os meios de exercer o *direito de resistência*. O Estado burguês tem sua polícia.

Acho, portanto, fundamentada a crítica de Marx; ela se dirigia, em *A questão judaica*, contra as formulações da *Declaração* de 1789, que são um eco da doutrina de Locke. Esses direitos do homem "formais" (liberdades) não são para todos, mas para *alguns*. Serviram para a destruição da monarquia, mas a substituíram por uma oligarquia. Significaram a dominação política da classe burguesa; na economia, do capitalismo. *Um terceiro fruto dos "direitos do homem"*.

Não é ainda o tipo de serviços que vocês esperavam? Teria sido preciso prosseguir a história deles em outros autores. Eu me teria detido de preferência em Christian Wolff: *Jus naturae methodo scientifica pertractata* (1740-1748), cuja doutrina fez tamanho sucesso no final do século XVIII que Kant despendeu muitos esforços para demoli-la. Mescla de restos bolorentos da escolástica e de individualismo moderno. Decerto nela teríamos encontrado os princípios dos direitos humanos *substanciais*: direito à felicidade, à saúde, à cultura etc., inferidos por Wolff do axioma de que cada um de nós tem vocação de alcançar a "felicidade", a "perfeição" de seu ser, realizando sua natureza de *homem*. Sempre esse método característico da filosofia jurídica moderna: daquilo que o "Homem" é, deduzir seu "direito".

E o que resultará, de fato, da proclamação desses direitos substanciais, depois que esse discurso saiu das faculdades de filosofia? Os "despotismos esclarecidos" do rei da Prússia e de Catarina II, já no século XVIII. A um prazo mais longo, as ditaduras, e, para acabar, a construção do Estado *socialista*. As "democracias socialistas", a constituição stalinista (e até a de Uganda) têm seus "direitos humanos", e se vangloriam disso. Para realizar a felicidade, a saúde, a cultura às quais todos têm "direito", enfim, satisfazer a essas "justas reivindicações", poder-se-á evitar pelo menos a GPU (polícia política soviética)?

Quarto fruto dos direitos do homem

Ó medicamento admirável! – capaz de tudo curar, até as doenças que ele mesmo produziu! Manipulados por Hobbes, os direitos do homem são uma arma contra a anarquia, para a instauração do absolutismo; por Locke, um remédio para o absolutismo, para a instauração do liberalismo; quando se revelaram os malefícios do liberalismo, foram a justificação dos regimes totalitários e dos hospitais psiquiátricos. Mas, no Ocidente, nosso último recurso contra o Estado absoluto. E, se fossem levados a sério, trazer-nos-iam de volta a anarquia...

Ferramenta de mil usos. Usaram-na em proveito das classes operárias ou da burguesia – dos malfeitores contra os juízes – das vítimas contra os malfeitores. Mas atenção! Cumpre escolher: *ou bem* de uns, *ou bem* dos outros. Nunca se viu na história que os direitos humanos fossem exercidos em proveito de *todos*. O problema com os direitos humanos é que ninguém poderia tirar partido deles senão em detrimento de alguns homens. A que se deverá o enorme sucesso desse lugar-comum dos direitos humanos na retórica contemporânea? Ao fato de que ele consegue esconder o reverso: militando por esses direitos contra o xá do Irã, teremos ajudado a instauração do regime de Komeini.

Esse é o estado das coisas, no terreno da política e do direito, que o discurso sobre os direitos humanos se atribuiu a tarefa de ocultar. O direito é *relação* entre *homens*, multilateral. Tenha ou não consciência disso, quando você usa a palavra "direito", trata-se de uma relação. Como é que se poderia inferir uma *relação*, que abrange vários termos, de um termo único: o Homem?

O aparecimento dos direitos humanos atesta a decomposição do conceito do direito. Seu advento foi o correlato do eclipse ou da perversão, na filosofia moderna individualista, da idéia de justiça e de seu instrumento, a jurisprudência. Ela tinha por finalidade a mensuração de justas relações. Essa arte autônoma cumpria uma função própria, insubstituível. As filosofias da Europa moderna deixaram-na de lado. O cuidado de uma justa *repartição* desapareceu de suas obras. Esses *não-juristas*, que foram os inventores dos direitos humanos, sacrificaram-lhe a justiça, sacrificaram o direito.

Duvido que esse fosse um progresso. Vejo nele apenas uma *perda*, devida à ignorância. Ignorância das *distinções* que a filosofia clássica discernira; o *sistematismo* moderno pôs o direito sob a dependência da ciência do indivíduo. Desconhecimento das finalidades do direito, não inocente, nem involuntário; vimos que foi motivado por propósitos muito *pragmáticos*.

Assim, os filósofos modernos nos gratificaram com uma linguagem cujo resultado mais claro é um mergulho na névoa. Linguagem indistinta, perigosamente imprecisa, geradora de ilusões e de falsas reivindicações impossíveis de satisfazer. Se seu triunfo é total no século XX, é porque a decadência da cultura é a repercussão do progresso técnico.

10. Epílogo: o século XX

> *Quando ouço a palavra "cultura", saco o meu revólver!*
>
> Goebbels.

Eu me deterei aqui, não me tendo proposto escrever uma história de "tipo científico", mas escolher no passado os depoimentos mais úteis para nos libertar de certos preconceitos. As metamorfoses posteriores e a literatura recente dos direitos humanos são arquiconhecidas. Ao passo que esses textos que comentei decerto o eram menos.

Fica-me um remorso, entre alguns outros: ter feito tanto a apologia do método dialético, sem eu mesmo o ter praticado. Para terminar, deixo a palavra, agradecendo-lhe por trazer-me a contradição, ao primeiro leitor deste livro.

Caríssimo colega e amigo, mal tendo começado o ano letivo vejo-me sobrecarregado de comissões e de consultas. Mas encontrei tempo para percorrer seu manuscrito. Confesso que é austero. Você conhece meu gosto pessoal pela história, que é meu hobby. *Permita-me dizer-lhe que você lhe presta um desserviço! Você abusa das fontes antigas. Salta por cima dos séculos XVIII e XIX, de maior importância, e fica mudo sobre o presente... Caro amigo: apesar ou por causa de sua erudição, e da densidade de sua reflexão, tenho muito medo que não consiga persuadir o leitor do século XX a renunciar ao seu culto dos direitos humanos.*

Veja, os direitos humanos existem, estão instalados em seu lugar, este é o fato, de minha parte, eu só sei os fatos. Sua imprudência é de indispor-se com algo mais forte que você. A linguagem é um vínculo social – meio de comunicação intersubjetivo, dizem-nos os lingüistas –, força coletiva que se impõe aos indivíduos. Você esqueceu Durkheim? Não está em seu poder mudar a linguagem de seu meio. Nesse ponto, estamos determinados. Foi o que me ensinou a história científica.

E, sinto muito por você, mas essa linguagem é necessária. O público já não vai informar-se na Suma teológica *nem na* Ética a Nicômaco; *ele lê a Imprensa e assiste à Televisão, está a par das realidades! Você ignora no que a Imprensa e a Televisão o abeberam? Mas no Gulag, nas torturas de El Salvador, nos enforcamentos de Komeini, em crianças esqueléticas, em meninas de doze anos vendidas na Tailândia a donos de bordéis! Você responderá que esses horrores nada têm de novo e que a história viu outros assim. Mas preste atenção que o homem de hoje foi criado para as idéias de Progresso, de Felicidade, e da Técnica das Previdências, ao passo que, antigamente, as crenças no Diabo, no Pecado, na Penitência e na "Cruz" etc. faziam aceitar a pílula. O choque é muito mais perturbador!*

No espectador instalado em sua poltrona em frente da televisão, meu amigo, o dr. Cheistowicz, com sua equipe notaram perturbações psicológicas, síndromes de culpa e pulsões incômodas, uma necessidade surda de reagir que desestrutura o subconsciente. Como nem todos saberiam reagir à maneira de Madre Teresa ou dos Médicos Sem Fronteira, a utilização dos direitos humanos, cuja oportunidade você parece desconhecer, é de rendimento infalível.

Bem sei que não basta declarar Direitos para mudar grande coisa nas realidades. Não mais que você, não imagino que a Declaração solene das Nações Unidas tenha o efeito de tornar Uganda democrática. Nesse ponto você arromba uma porta aberta! Mas o principal lhe escapa: não se prestou, a meu ver, uma atenção suficiente à virtude terapêutica *da linguagem dos direitos humanos, para o restabelecimento do equilíbrio psíquico e para o apaziguamento das boas consciências de nossos concidadãos. Isso, devo dizer que os socialistas o compreenderam: por não dispor de um remédio contra a inflação e o desemprego, o Programa deles prevê a proclamação do direito de todos ao aumento do salário mínimo e ao trabalho: o que trouxe às classes trabalhadoras um início de satisfação. Assim também no Camboja, no Vietnã; que poderei fazer pelos vietnamitas que se aglomeram em seus barcos no mar da China? Proclamar o "direito à vida", às "liberdades" e às "férias"!*

Pois bem, o século XX precisa de sonho! *Caro amigo, eu lhe direi aqui o fundo de minha filosofia? Uma vez o morto cristianismo, desaparecida a sabedoria antiga, a reflexão a que me dediquei conduziu-me à convicção de que é importante restituir às nossas sociedades pós-industriais um substituto de* religião: *religião dos direitos humanos. Para equilibrar o que uma educação centrada nas ciências positivas poderia ter de árido, sempre considerei recomendável aos nossos jovens intelectuais inscrever-se na Liga dos Direitos Humanos. Além disso, é um bom trampolim para uma carreira política.*

E, por outro lado, não me faça dizer que os direitos humanos sejam impraticáveis! Eu não iria negar a evidência. A experiência prova que são úteis para fazer a injustiça recuar – mas esta ou aquela forma de injustiça, uma de cada vez, selecionadas! Você tem razão de notar que suas formulações são tão vagas que podem de fato servir a todas as causas. Você pode manipular os direitos humanos contra Pinochet, Brejnev, Komeini, Bokassa, Uganda, a China, jogar com o princípio da liberdade dos povos a dispor de si mesmos, como quiser, para Israel ou para a OLP etc. Utilizá-lo para tomar ou não a defesa das escolas livres. – Nosso Conselho Constitucional, se tiver de dirimir o projeto das nacionalizações que Mitterrand prepara, poderá tirar dos direitos humanos o que lhe aprouver consoante a relação das forças. Mas você não vê como é cômodo?

Não sente, como eu mesmo faço, a vantagem da imprecisão? E esse impacto, essa capacidade de ressonância, a fecundidade retórica da palavra! Como ela entra no ouvido de nossos concidadãos! Pena que você se tenha calado sobre Kant e Fichte, cuja filosofia impregna nossas estruturas ideológicas...

Veja a Polônia: seguindo-o, nós nos contentaríamos em reprovar os erros de seus opressores! Não faz parte de meus hábitos regatear assim meu apoio. Você pôde ler no Le Monde *de anteontem o Manifesto ao qual achei dever conceder minha assinatura. Nele afirmamos o direito de greve enquanto "direito humano imprescritível e fundamentado na dignidade pessoal de todo trabalhador". Você me dirá que as eminentes personalidades, Prêmio Nobel de Física e de Química, redatores desse documento, carecem de competência sobre o direito; que, no estado econômico em que está a Polônia, a greve é uma arma de dois gumes e pode voltar-se contra Lech Walesa; que se calcula o direito de acordo com a conjuntura etc. É o leitmotiv de sua obra. O direito seria a arte de mensurar "as partes de cada um", por esse método que lhe agrada denominar "dialético" – do qual nada compreendi, e que você confessa incompatível com a ciência contemporânea.*

Não, caro amigo, isso já não é utilizável. O direito é a arte de saber textos e de aplicá-los, de acomodá-los ao nosso interesse... Procurar "o justo" seria cansativo demais! Você exige demais. Não vejo ninguém, nenhum de seus leitores, pronto a fornecer semelhantes esforços cerebrais, aos quais nem poderiam satisfazer os nossos luminares de hoje, os computadores. Você ignoraria os últimos trabalhos da antropologia cientí-

fica? O homem do século XX já não é aquele ser deliberante, dando tempo ao tempo antes de agir, que Aristóteles queria. Imaginaríamos a lê-lo que a História nada fez para promover e mudar o homem!

Cá estamos na era do Homo technicus, e você se enganou de época. Uma mente moderna não vai extenuar-se, tal como Tomás de Aquino, em perseguir "a adequação das palavras às coisas". Não caducou o uso dessas "distinções", em que se comprazia a escolástica, e das explicações de texto? Você nos traz de volta, caro amigo, à aula de gramática! Enquanto nossas Unidades de Ensino e de Pesquisa estão na fase dos estudos superiores, aprofundados, especializados!

Eu teria poupado ao leitor esse tempo perdido sobre o vão problema da definição do direito. As questões de "linguagem", às quais você dedicou sua obra, em última análise têm pouca importância: cometem-se em nossas teses universitárias uma enxurrada de erros de francês, e a imensa máquina do Centro Nacional de Pesquisa Científica usa jargões a todo volume. Será que isso a impede de girar e aumentar incessantemente o volume de nossos conhecimentos científicos? Pouco me importa o que querem dizer as palavras, mas a maneira pela qual são usadas.

Acredite em mim, nosso mundo fez bem em desvencilhar-se de Aristóteles e de todas as suas tergiversações. Im Anfang war die Tat. Às vésperas do ano 2000, conta apenas a ação! Se eu ousasse escrever, a Ação direta!

Se eu me permiti dizer-lhe cruamente, é porque este livro poderia constituir uma má ação. Você teria agido melhor em consagrar esses três meses do verão de 1981 a alguma tarefa lucrativa. – Não que eu queira desencorajá-lo. Afinal de contas, de seu livro o público guardará seu título, testemunho da moda presente dos direitos humanos; que ele também não deixará de servir para a ilustração deles. Continuo o fervente *defensor dessa grande causa, e disse-lhe por quais razões. Mas, desculpe-me, estou sobrecarregado, por tantos trabalhos que me afogam. Bom fim de férias!*

E.F.

P.S. – *No tocante à cronologia, a expressão* jura hominum *(no sentido subjetivo) aparece pela primeira vez, pelo que eu saiba, em Volmerus,* Historia diplomatica rerum Bataviarum, *col. 4759, de 1537. Indico-lhe o importante volume coletivo publicado, com o apoio do Centro Nacional de Pesquisa Científica, do Ministério da Cultura e da Unesco, em abril último.*

Ilha de Arz, setembro de 1981.

Anexo I
Declaração dos Direitos do Homem e do Cidadão (1789)

Os representantes do povo francês, reunidos em Assembléia Nacional, considerando que a ignorância, o esquecimento ou o desprezo dos direitos do homem são as únicas causas dos males públicos e da corrupção dos governos, resolveram expor, numa Declaração solene, os direitos naturais, inalienáveis e sagrados do homem, a fim de que esta Declaração, constantemente presente a todos os membros do corpo social, lembre-lhes incessantemente seus direitos e seus deveres; a fim de que os atos do Poder Legislativo e os do Poder Executivo, podendo ser a todo instante comparados com o objetivo de qualquer instituição política, por ela sejam mais respeitados; a fim de que as reclamações dos cidadãos, fundadas doravante em princípios simples e incontestáveis, estejam sempre voltadas para a manutenção da Constituição e para a felicidade de todos.

Em conseqüência, a Assembléia Nacional reconhece e declara na presença e sob os auspícios do Ser Supremo os seguintes direitos do homem e do cidadão.

ARTIGO 1º. – Os homens nascem livres e permanecem livres e iguais em direitos. As distinções sociais só podem ser fundamentadas na utilidade comum.

ART. 2º. – O objetivo de toda associação política é a conservação dos direitos naturais e imprescritíveis do homem. Esses direitos são a liberdade, a propriedade, a segurança e a resistência à opressão.

ART. 3º – O princípio de toda soberania reside essencialmente na nação. Nenhum corpo, nenhum indivíduo pode exercer autoridade que dela não emane expressamente.

ART. 4º – A liberdade consiste em fazer tudo o que não prejudique aos outros; assim, o exercício dos direitos naturais de cada homem não tem por limites senão os que asseguram aos outros membros da sociedade o gozo dos mesmos direitos. Esses limites só podem ser determinados pela lei.

ART. 5º – A lei tem o direito de proibir apenas as ações nocivas à sociedade. Tudo o que não é proibido pela lei não pode ser impedido, e ninguém pode ser constrangido a fazer o que ela não ordena.

ART. 6º – A lei é a expressão da vontade geral. Todos os cidadãos têm direito de concorrer pessoalmente, ou por seus representantes, para sua formação. Ela deve ser a mesma para todos, seja para proteger, seja para punir. Todos os cidadãos, sendo iguais a seus olhos, são igualmente admissíveis a todas as dignidades, colocações e empregos públicos, conforme sua capacidade e sem outra distinção senão a de suas virtudes e de seus talentos.

ART. 7º – Nenhum homem pode ser acusado, detido, nem preso a não ser nos casos determinados pela lei e segundo as formas por ela prescritas. Aqueles que solicitam, despacham, executam ou mandam executar ordens arbitrárias devem ser punidos; mas todo cidadão citado ou detido em virtude da lei deve obedecer imediatamente; torna-se culpado pela resistência.

ART. 8º – A lei deve estabelecer somente penas estrita e evidentemente necessárias, e ninguém pode ser punido senão em virtude de uma lei estabelecida e promulgada anteriormente ao delito e legalmente aplicada.

ART. 9º – Sendo todo homem presumido inocente até que tenha sido declarado culpado, se se julgar indispensável prendê-lo, todo rigor desnecessário para a guarda de sua pessoa deve ser severamente reprimido pela lei.

ART. 10º – Ninguém pode ser molestado por suas opiniões, mesmo religiosas, desde que sua manifestação não perturbe a ordem pública estabelecida pela lei.

ART. 11º – A livre comunicação dos pensamentos e das opiniões é um dos direitos mais preciosos do homem: portanto, todo cidadão pode falar, escrever, imprimir livremente, respondendo, porém, pelo abuso dessa liberdade nos casos determinados pela lei.

ART 12º – A garantia dos direitos do homem e do cidadão necessita de uma força pública: assim, essa força é instituída para a vantagem de todos e não para a utilidade particular daqueles a quem é confiada.

ART. 13º – Para a manutenção da força pública e para as despesas administrativas, é indispensável uma contribuição comum. Deve ser dividida igualmente entre todos os cidadãos, de acordo com suas possibilidades.

ART. 14º – Todos os cidadãos têm o direito, por si ou por seus representantes, de verificar a necessidade da contribuição pública, de consenti-la livremente, de acompanhar seu emprego e de lhe determinar a coleta, o lançamento, a cobrança e a duração.

ART. 15º – A sociedade tem o direito de pedir prestação de contas a todo agente público por sua administração.

ART. 16º – Toda sociedade na qual não seja assegurada a garantia dos direitos, nem determinada a separação dos poderes, não tem Constituição.

ART. 17º – Sendo a propriedade um direito inviolável e sagrado, ninguém pode dela ser privado, a não ser quando a necessidade pública, legalmente comprovada, o exigir com evidência e sob condição de uma justa e prévia indenização.

Anexo II
Declaração Universal dos Direitos Humanos (1948)

Preâmbulo – Considerando que o reconhecimento da dignidade inerente a todos os membros da família humana e de seus direitos iguais e inalienáveis constitui o fundamento da liberdade, da justiça e da paz no mundo;

Considerando que o desconhecimento e o desprezo dos direitos do homem resultaram em atos de barbárie que revoltam a consciência da humanidade e que o advento de um mundo em que os seres humanos tenham liberdade de palavra e de crença, libertos do terror e da miséria, foi proclamado como a mais alta aspiração do homem;

Considerando essencial que os direitos do homem sejam protegidos por um regime de direito para que o homem não seja compelido, como supremo recurso, à revolta contra a tirania e a opressão;

Considerando essencial incentivar o desenvolvimento de relações amistosas entre as nações;

Considerando que os povos das Nações Unidas reafirmaram, na Carta, sua fé nos direitos humanos fundamentais, na dignidade e no valor da pessoa humana, na igualdade dos direitos dos homens e das mulheres, e que se declararam resolvidos a promover o progresso social e a instaurar melhores condições de vida em uma liberdade maior;

Considerando que os Estados-Membros se comprometeram a assegurar, em cooperação com a Organização das Nações Unidas, o respeito universal e efetivo aos direitos humanos e às liberdades fundamentais;

Considerando que uma concepção comum desses direitos e liberdades é da mais alta importância para o pleno cumprimento desse compromisso;

A ASSEMBLÉIA GERAL PROCLAMA:

A presente Declaração Universal dos Direitos Humanos como o ideal comum a ser atingido por todos os povos e todas as nações, para que todos os indivíduos e todos os órgãos da sociedade, tendo sempre em mente esta declaração, esforcem-se, mediante o ensino e a educação, em desenvolver o respeito a esses direitos e liberdades e em lhes assegurar, através de medidas progressivas de ordem nacional e internacional, o reconhecimento e a aplicação universais e efetivos, tanto entre as populações dos próprios Estados-Membros como entre as dos territórios sob a sua jurisdição.

ARTIGO 1º. – Todos os seres humanos nascem livres e iguais em dignidade e em direitos. São dotados de razão e de consciência e devem agir em relação uns com os outros com espírito de fraternidade.

ART. 2. – 1. Toda pessoa pode prevalecer-se de todos os direitos e de todas as liberdades proclamados na presente Declaração, sem distinção alguma, principalmente de raça, de cor, de sexo, de língua, de religião, de opinião política ou qualquer outra opinião, de origem nacional ou social, de riqueza, de nascimento ou de qualquer outra situação.

2. Ademais, não será feita nenhuma distinção fundada no estatuto político, administrativo ou internacional do país ou do território a que pertença uma pessoa, seja esse território independente, sob tutela ou não autônomo, ou sujeito a qualquer outra limitação de soberania.

ART. 3. – Todo indivíduo tem direito à vida, à liberdade e à segurança pessoal.

ART. 4. – Ninguém será mantido em escravidão ou em servidão; a escravidão e o tráfico de escravos são proibidos em todas as suas formas.

ART. 5. – Ninguém será submetido à tortura, nem a penas ou tratamentos cruéis, desumanos ou degradantes.

ART. 6. – Toda pessoa tem, em todos os lugares, o direito ao reconhecimento de sua personalidade jurídica.

ART. 7. – Todos são iguais perante a lei e têm direito, sem distinção, a igual proteção da lei. Todos têm direito a uma proteção igual contra qualquer discriminação que viole a presente Declaração e contra qualquer provocação a tal discriminação.

ART. 8. – Toda pessoa tem direito a um recurso efetivo, perante as jurisdições nacionais competentes, contra os atos que violem os direitos fundamentais que lhe são reconhecidos pela Constituição ou pela lei.

ART. 9. – Ninguém pode ser arbitrariamente preso, detido ou exilado.

AT. 10. – Toda pessoa tem direito, em plena igualdade, a uma audiência justa e pública por parte de um tribunal independente e imparcial, que decidirá de seus direitos e obrigações ou do fundamento de qualquer acusação criminal dirigida contra ela.

ART. 11. – 1. Toda pessoa acusada de um ato delituoso é presumida inocente até que sua culpabilidade tenha sido legalmente provada durante um processo público, em que lhe tenham sido asseguradas todas as garantias necessárias à sua defesa.

2. Ninguém será condenado por ações ou omissões que, no momento em que foram cometidas, não constituíam um ato delituoso segundo o direito nacional ou internacional. Assim também, não será infligida pena mais forte do que aquela que era aplicável no momento em que foi praticado o ato delituoso.

ART. 12. – Ninguém será objeto de interferências arbitrárias em sua vida privada, em sua família, em seu domicílio ou em sua correspondência, nem de ataques contra a sua honra e sua reputação. Toda pessoa tem direito à proteção da lei contra tais interferências ou ataques.

ART. 13. – 1. Toda pessoa tem o direito de transitar livremente e de escolher sua residência no interior de um Estado.

2. Toda pessoa tem o direito de sair de qualquer país, mesmo o seu, e de regressar a seu país.

ART. 14. – 1. Vítima de perseguição, toda pessoa tem o direito de procurar e usufrir asilo em outro país.

2. Este direito não pode ser invocado no caso de perseguições realmente fundadas em crime de direito comum ou em atos contrários aos princípios e aos objetivos das Nações Unidas.

ART. 15 – 1. Todo indivíduo tem direito a uma nacionalidade.

2. Ninguém pode ser arbitrariamente privado de sua nacionalidade, nem do direito de mudar de nacionalidade.

ART. 16. – 1. Os homens e as mulheres de maior idade, sem nenhuma restrição quanto à raça, à nacionalidade ou à religião, têm o direito de casar-se e de fundar uma família. Têm direitos iguais no tocante ao casamento, à sua duração e à sua dissolução.

2. O casamento só pode ser contraído com o livre e pleno consentimento dos nubentes.

3. A família é o elemento natural e fundamental da sociedade e tem direito à proteção da sociedade e do Estado.

ART. 17. – 1. Toda pessoa, tanto sozinha como em sociedade com outros, tem direito à propriedade.

2. Ninguém pode ser arbitrariamente privado de sua propriedade.

ART. 18. – Toda pessoa tem direito à liberdade de pensamento, de consciência e de religião; esse direito implica a liberdade de mudar de religião ou de convicção bem como a liberdade de manifestar sua religião ou convicção, sozinha ou coletivamente, em público ou em particular, pelo ensino, pelas práticas, pelo culto e pela realização de ritos.

ART. 19. – Todo indivíduo tem direito à liberdade de opinião e expressão, o que implica o direito de não ser molestado por suas opiniões e o de procurar, de receber e de divulgar, sem consideração de fronteiras, as informações e as idéias por quaisquer meios de expressão.

ART. 20. – 1. Toda pessoa tem direito à liberdade de reunião e de associação pacíficas.

2. Ninguém pode ser obrigado a fazer parte de uma associação.

ART. 21. – 1. Toda pessoa tem o direito de tomar parte na direção dos negócios públicos de seu país, diretamente ou por intermédio de representantes livremente escolhidos.

2. Toda pessoa tem direito ao acesso, em condições de igualdade, às funções públicas de seu país.

3. A vontade do povo é o fundamento da autoridade dos poderes públicos; essa vontade deve exprimir-se em eleições honestas e periódicas, por sufrágio universal igual e por voto secreto ou segundo um processo equivalente que assegure a liberdade do voto.

ART. 22. – Toda pessoa, como membro da sociedade, tem direito à segurança social; tem direito a obter a satisfação dos direitos econômicos, sociais e culturais indispensáveis à sua dignidade e ao livre desenvolvimento de sua personalidade, graças ao esforço nacional e à cooperação internacional, de acodo com a organização e os recursos de cada país.

ART. 23. – 1. Toda pessoa tem direito ao trabalho, à livre escolha de seu trabalho, a condições eqüitativas e satisfatórias de trabalho e à proteção contra o desemprego.

2. Todos têm direito, sem nenhuma discriminação, a salário igual por trabalho igual.

3. Quem trabalha tem direito a uma remuneração justa e satisfatória que lhe assegure, assim como à sua família, uma existência condizente com a dignidade humana e completada, se necessário, por outros meios de proteção social.

4. Toda pessoa tem o direito de, com outras, fundar sindicatos e de filiar-se a eles para a defesa de seus interesses.

ART. 24. – Toda pessoa tem direito a descanso e a lazer e, sobretudo, a uma limitação razoável das horas de trabalho e a férias remuneradas periódicas.

ART. 25. – 1. Toda pessoa tem direito a um padrão de vida suficiente para assegurar sua saúde, seu bem-estar e os de sua família, principalmente para alimentação, vestuário, habitação, cuidados médicos assim como para os serviços sociais necessários, ela tem direito a segurança em caso de desemprego, doença, invalidez, viuvez, velhice, ou nos outros casos de perda de seus meios de subsistência, por causa de circunstâncias independentes de sua vontade.

2. A maternidade e a infância têm direito a ajuda e a assistência especiais. Todas as crianças, nascidas dentro ou fora do casamento, gozam da mesma proteção social.

ART. 26. – 1. Toda pessoa tem direito à instrução. A instrução deve ser gratuita, pelo menos no ensino elementar e fundamental. O ensino elementar é obrigatório. O ensino técnico e profissional deve ser generalizado; o acesso aos estudos superiores deve ser aberto em plena igualdade a todos de acordo com seus méritos.

2. A educação deve visar ao pleno desenvolvimento da personalidade humana e ao fortalecimento do respeito pelos direitos humanos e pelas liberdades fundamentais. Deve favorecer a compreensão, a tolerância e a amizade entre todas as nações e todos os grupos raciais ou religiosos, assim como o desenvolvimento das atividades das Nações Unidas para a manutenção da paz.

3. Os pais têm prioridade no direito de escolher o gênero de instrução que será dada aos filhos.

ART. – 27. 1. Toda pessoa tem o direito de participar livremente da vida cultural da comunidade, de usufruir as artes e de participar do progresso científico e de seus benefícios.

2. Toda pessoa tem direito à proteção dos interesses morais e materiais decorrentes de toda produção científica, literária ou artística da qual seja o autor.

ART. 28. – Toda pessoa tem direito a que reine, no plano social e no plano internacional, uma ordem tal que os direitos e liberdades enunciados na presente Declaração possam realizar-se plenamente.

ART. 29. – 1. O indivíduo tem deveres para com a comunidade, na qual o livre e pleno desenvolvimento de sua personalidade é possível.

2. No exercício de seus deveres e no gozo de suas liberdades, toda pessoa está sujeita apenas às limitações estabelecidas pela lei, exclusivamente com o fito de assegurar o reconhe-

cimento e o respeito dos direitos e liberdades alheios e a fim de satisfazer às justas exigências da moral, da ordem pública e do bem-estar geral em uma sociedade democrática.

3. Estes direitos e liberdades não poderão, em hipótese nenhuma, ser exercidos contrariamente aos objetivos e aos princípios das Nações Unidas.

ART. 30. – Nenhuma disposição da presente Declaração pode ser interpretada como o reconhecimento a um Estado, um grupo ou um indivíduo, de um direito qualquer de exercer uma atividade ou de realizar um ato que vise à destruição dos direitos e liberdades aqui determinados.